그 회사의 브랜딩

그 회사의 브랜딩

처음부터 잘난 브랜드는 없다

황조은 지음

Corporate Branding

한국경제신문

"이 회사는 뭐야? 내가 뭘 산 거지?"

"당신은 알고리즘을 샀죠."

"아니, 알고리즘은 회사의 상품이지.
내가 물어보는 건 회사 그 자체야.
어떤 사람들이 모여 무슨 일을 하는가?
이런 문제들부터 해결해야 해. 지금 당장!"

미국 드라마 〈실리콘밸리〉에서

허무했던 고백

한 권의 책이 될 정도로 원고가 두둑하게 쌓였을 때쯤 부모님께 고백했다. 나 강남언니에 다닌다고. 이 회사에서 일한 지 2년도 넘게 지나서 말이다. 바다 건너 다른 나라로까지 회사 자랑을 하고 다니는 게 직업이면서도, 부모님에게만은 회사를 숨겼다. 부모님은 내가 강남언니로 옮기기 전에 다녔던 카카오벤처스(카카오 계열의 스타트업 투자사)를 성실히 다니고 있다고 철석같이 믿고 있었다.

부모님께 이직 사실을, 더 정확히는 지금 다니는 회사를 말하지 못한 이유는 간단했다. '강남언니'라는 문제적 이름 때문이었다. 의심스러운 이름의 회사를 다닌다고 하면 걱정할 게 뻔했다. 나만 해도 이 회사를 처음 알게 됐을 때 의심의 눈초리로 바라봤으니 말이다. 게다가 2019년 당시만 해도 인터넷에 회사를 둘러싼 성형 조장 의혹 기사만 수두룩했기에, 당시에 알렸다면 이 보수적인 경상도 집안은 난리가 나도 몇 번은 났을 것이다.

내 이야기가 독특한 회사 이름과 사회적 편견이 심한 성형수술·미용시술 산업군에 속했기 때문에 벌어진 유별난 일일까? 자신이 다니는 회사를 남들에게 당당하게 소개할 수 없는 이유는 다양하다. 나처럼 회사 이름에 덧씌워진 안 좋은 이미지 때문일 수도 있고, 인지도가 낮아서 상대방에게 설명하기 힘들기 때문일 수도 있다. 뒤에서 자세히 이야기하겠지만 내가 입사했을 때는 회사 명함에 '강남언니'라는 이름이 명함 귀퉁이에 아주 작은 흑백 로고로만 존재했다. 직원들조차 명함에서만큼은 그 이름을 어떻게든 숨기고 싶었던 것이다.

왜 우리 회사는 매번 입사 지원자가 적을까?
왜 아무도 우리 회사의 좋은 조직문화를 알아주지 않을까?
왜 사람들이 우리 서비스에 가입하지 않을까?
왜 기자들은 우리 회사를 궁금해하지 않을까?

회사 규모가 크든 작든, 많은 사람이 이런 고민을 한다. 실제로 강연을 하러 가면 빠지지 않고 듣는 질문이다. 세상 모든 일이 그렇듯이, 내가 바뀌지 않았는데 세상이 먼저 알아주는 일은 없다. 그렇다면 어떻게 바꿔야 할까?

먼저 자신이 어떻게 인식되고 싶은지를 정해야 한다. 산업군, 고객의 특징, 조직의 성격 등이 함께 고려돼야 할 것이다. 이름 때문에 오해를 받는다면서 이름을 숨길 게 아니라, 그 이름이 가진 이미지를 어떤 모습으로 바꿀지 고민해야 한다. 이 렇게 목표가 정해졌으면, 거기에 도달할 때까지 일관성 있게 단계를 밟아가야 한다.

이처럼 목표를 향해 일관된 방향으로 조직의 정체성과 성 과를 알리며 이미지를 구축하는 과정이 바로 '기업 브랜딩'이 다. 흔히 브랜딩이라고 하면 특정 제품이나 서비스를 널리 알 리는 일인 마케팅(제품 브랜딩)을 떠올린다. 그런데 기업 브랜딩 은 그 제품을 만드는 조직에 초점을 맞춘다. 제품 브랜딩을 포 괄하는 넓은 범위로 볼 수도 있고, 때로는 제품과는 연관성 정 도만 있는 별개의 영역이라고 할 수 있다.

테슬라가 신형 자율주행 자동차를 알리기 위해 벌이는 광 고 캠페인이 제품 브랜딩이라면, 테슬라의 수장 일론 머스크 (Elon Musk)의 경영철학이나 직원들이 일하는 문화를 알리는 과정은 기업 브랜딩이라 볼 수 있다.

제품 브랜딩이 소비자와 잠재 소비자를 향해 열렬히 구애 한다면, 기업 브랜딩은 임직원, 잠재 직원, 투자자, 기자, 정부, 국회 등 보다 넓은 범위의 고객을 대상으로 한다. 따라서 회 사의 장기적 비즈니스 방향, 조직문화, 직원 교육 그리고 인력 채용까지 기업 브랜딩과 떼놓고 볼 수 없다.

길다면 길고 짧다면 짧은 경험을 토대로, 나와 비슷한 고민을 하고 비슷한 일을 하는 사람들이 문제를 해결하는 데 조금이 나마 도움이 되었으면 하는 마음으로 이 책을 썼다. 강남언니 가 지금의 긍정적인 이미지의 회사로 바뀌는 데 꽤 기여했다 고 자부할 수 있으니, 믿고 따라오시기를 부탁드린다.

또한 이 책이 기업 브랜딩 안내서를 가장한 강남언니 홍 보 책자라고 의심된다면 걱정을 내려놓으셔도 된다(회사 홍보 책이면 왜 회사 흉까지 봤겠나). 첫 직장에서의 끔찍한 사회초년생 이야기부터 150개의 스타트업과 함께 일했던 투자사, 빠르 게 성장하던 두 스타트업에서의 경험까지 다양한 이야기를 담았다.

뿐만 아니라 내가 보고 듣고 행한 것, 성공과 실패를 통해 대외 홍보와 조직문화, 커뮤니케이션 그리고 위기관리까지 기업 브랜딩 전반을 다뤘다. 누군가가 일을 하다 막힐 때 레퍼 런스로 삼을 정도만 된다면 그보다 기쁜 일은 없을 것 같다.

그나저나 강남언니라는 회사를 다닌다는 사실을 이실직고했 을 때, 부모님의 반응은 어땠을까? 그때 내 모습은 출사표를 던지는 장수도 저리 가라 할 정도로 비장했는데, 그 비장함이 무색하게도 완전히 예상 밖의 상황이 벌어졌다. 어떤 경로를 통해서였는지는 몰라도, 부모님은 내가 강남언니에서 일한다는 사실을 이미 알고 계셨던 것이다. 뭘 하든 열심히 하라는 아빠의 말로 이야기는 훈훈하게(?) 마무리됐다. 쓸데없이 진땀을 흘리고 긴장한 게 허무했지만, 어쨌든 좋은 일이었다.

마지막으로, 내가 다녔던 회사들, 그리고 함께 일했던 대표들께 사과부터 남겨야겠다. 본의 아니게 강남언니를 포함한 여러 회사에 대한 험담처럼 들리는 이야기를 늘어놨는데, 회사와 대표들에 대한 애정으로 봐주시리라 믿는다. 지금까지 함께해온 선후배, 동료들께도 진심으로 감사드린다.

Corporate
Branding
차례

그 회사의
존재감

제품 이전에 사람, 서비스 이전에 회사

1장

이해받지 못하는 일

1

"또 회사 돈으로 밥 먹으러 나가네?"

기자와 점심 미팅이 있어 11시에 사무실에서 일어나는데 뒤에서 이 말이 들렸다. 잘 모르는 사람 눈엔 그렇게 보일 수도 있겠거니 하며 그 순간을 애써 넘겼다. 하지만 나도 모르게 그 말을 곱씹게 됐고, 법인카드로 맛있는 밥이나 먹으며 편하게 일하는 사람 취급을 당한 느낌에 속이 상했다.

　나는 회사 홍보(public relations, PR) 일을 시작으로 지금은 더 큰 범위를 다루는 기업 브랜딩 일을 하고 있다. PR은 기업 브랜딩 업무의 중요한 한 축이다. 먼저 스타트업에서 PR 담당자로 일할 때 겪었던 일들과 떠올렸던 생각들로 이야기를 시작해볼까 한다.

밥 먹는 것도 일이다

회사 돈으로 맛있는 밥을 먹는다는 게 틀린 말은 아니다. 그러나 식사 미팅은 엄연한 업무다. PR, 브랜딩, 영업, 개발, 리크루팅 같은 모든 직군의 담당자는 회사 밖에서 회사의 얼굴이

자 대표가 된다. 개인이 아니다. 팽팽한 긴장감 때문에 음식이 입으로 들어가는지 코로 들어가는지도 모른 채 밥을 먹는 건 예사고 미팅을 마치고 돌아와서 체하기도 수차례였다. 주어진 시간 안에 처음 보는 상대에게 어떻게든 관심을 이끌어내야 하니 여간 예민해지는 게 아니다.

회사 돈으로 맛있는 밥을 먹는다는 편견이나 비아냥 말고도 PR 일을 하는 사람들이 이구동성으로 말하는 고충이 있다. 특히 스타트업에서 일하는 PR 담당자들이 모이면 늘 들리는 얘기는 일이 많아서 힘들다는 게 아니다. 동료나 대표가 PR 일을 잘 이해하지 못해 힘들다는 토로가 대부분이다.

물론 모든 사람이 동료의 일을 자세하게 알고 있을 필요는 없다. 하지만 동료가 하는 일의 목적과 가치를 잘 모르고서 선불리 판단하는 건 위험하다. 상대의 가슴에 상처를 안길뿐더러 원활한 협업을 방해한다. 그런데 어쩌랴. '저 사람 바빠 보이지만 도대체 무슨 일을 하는지 모르겠네'가 아마도 제3자의 눈에 비친 PR 담당자의 모습일 테니.

'사람들 만나며 편하게 밥 먹는 게 전부', '바쁘게 움직이지만 뭘 하는지 모르겠음'. PR에 대한 이 두 가지 오해와 편견의 뿌리는 무엇일까. 아마도 낯설기 때문 아닐까. 상대적으로 친숙하고 한두 단어만으로도 대충 그림이 그려지는 개발, 디자인, 영업과는 다르게 PR, 브랜딩은 어떤 일인지 대번에 떠올리기가 쉽지 않다. 직접적인 이해관계자가 아니고서야 낯선 세계다.

심지어 마케터, 개발자, 디자이너와 다르게 PR은 그 일을 하는 사람을 부르는 쉬운 단어도 없다. PR 전문가, PR인이라는 말을 쓰기도 하지만, 일상에서는 거의 쓰지 않는다. PR 매니저, PR 팀장처럼 직급을 붙여 쓰는 정도다. 이 분야에 대한 이해도가 낮은 데다 전문적인 일로 여기지 않는 분위기 때문일 것이다.

갑질의 시대

회사를 옮길 때마다 나를 신기하게 바라보는 동료들의 표정도 이제는 익숙하다. '저 사람은 무슨 일을 하기에 매번 회사에 낯선 사람을 데려오고, 회사의 온갖 일에 관심을 갖는 거지?' 대기업에서 이직해온 동료들은 더욱 그렇다. "PR 담당자를 가까이 본 건 처음이에요. 주로 기자를 만나는 일인가요?

기자와 점심 먹을 때 무슨 얘기를 해요?"와 같은 질문을 숱하게 듣는다. 기자들이 '갑질'을 해서 힘들지 않으냐는 말도 여러 번 들었다.

우리나라에는 여전히 PR은 곧 보도자료라거나 기자 응대라는 이미지가 남아 있다. 1990년대를 배경으로 한 영화만 봐도 기업 관계자와 기자가 만나는 자리에는 항상 술병이 수북하게 쌓여 있고, 기업으로부터 기사 청탁을 받아서 해당 기업에 도움이 되는 기사를 써주는 기자가 심심치 않게 등장한다.

과거에는 기업에서 팩스나 우편으로 신문사에 보도자료를 발송하면 다음 날 종이신문으로 기사를 확인해야 했다. 기업의 소식을 전하고 상품을 알리는 창구가 몇 없어서 기사가 잘 실렸는지, 기사 내용은 어떤지 많은 신경을 써야 했다. PR 담당자 입장에서 성과를 인정받는 유일무이한 방법은 종이신문 1면에 대문짝만 한 기사가 실리는 일이었다고 해도 과언이 아니다. 상황이 이렇다 보니 당연히 기자는 갑, PR 담당자는 을이 될 수밖에 없었다.

몇 해 전의 나 역시 사회적 관행은 유효하며 충실히 따라야 한다고 믿었다. 드라마에 나오는 신입사원 캐릭터처럼, 권력관계에 기초한 사회적 각본에 충실히 임했다. 특히 PR 담당자는 인맥이 넓고 술을 잘 마시는 게 가장 중요한 역량인 줄 알았다. 그래야 기자와 관계가 좋아지고 부정적 기사를 막을 수 있으리라 생각했다.

"당신 직업은 전문성이 떨어진다"는 직업 비하 발언을 듣거나 "어느 회사의 담당자가 예쁘니까 다음 술자리에 불러야겠다" 같은 성희롱 발언도 숱하게 들었다. 어느 날 갑작스러운 전화에 뒤늦게 나간 술자리에서는 한 방울도 마시지 않은 술값 계산을 요구받기도 했고, 새벽까지 취한 무리 사이의 누군가는 옆자리에서 내 다리를 더듬기도 했다. 그때는 나이도 어렸거니와 불의를 감내하고 혼자 삭히는 방법밖에 몰랐다(지금이었으면 곧장 신고했을 텐데 말이다).

몇 차례 부당한 일을 겪은 뒤 앞으로는 파렴치한 행동 앞에서 절대 참지 않겠다는 용기를 맘속에 싹 틔우기 시작했을 즈음, 부정 청탁 및 금품 수수를 금지하는 김영란법이 시행됐다. 생후 1년도 안 된 딸을 둔 지인은 더 이상 밤늦게 나가 술값을 계산하지 않아도 될 명분이 생겼으니, 김영란법은 자신의 인생에 고마운 존재라고 했다.

그렇게 세상은 조금씩 달라졌다. 갑질을 하던 이는 더 이상 자신의 부당한 행동이 갑이라는 지위로 용서되지 않는다는 사실을 깨달았고, 을의 서러움을 겪던 사람은 더 이상 모욕을 감내하지 않겠다는 용기를 키워갔다. 그리고 무엇보다, 매체 환경이 달라졌다. 하루에도 수없이 탄생하는 콘텐츠 플랫폼을 보라. 유튜브, 뉴스레터를 비롯해 각 분야와 대상에 최적화된 매체의 등장은 기업, 미디어, 대중 간 소통 방식은 물론 기존의 권력관계를 뒤흔들었다. 기업 입장에서 더는 몇몇 채널에만 목을 맬 필요가 없어졌다. 사람들에게 매력을 발산하기 위해 어떤 소통 채널을 선택할지 어려울 만큼 플랫폼이 다양해졌으니 말이다.

매 순간이 과도기라고 할 만큼 모든 것이 빠르게 변하는 세상에서 우리는 살고 있다. 사람들을 모으고, 정보를 전달하는 매체도 예외일 수 없다. 플랫폼이란 말만 해도 10년 전에는 생소한 용어였다. 승자의 기준은 이미 바뀌었고, 앞으로도 변할 것이다. '누가 고급 정보를 가졌는가', '누가 더 설득을 잘하는가'로 승자가 결정되는 세상이 왔다.

이러한 변화는 매일같이 바뀌는 환경에서 살아남기 위해 개인 역량을 쌓아야 한다는 부담과는 별개로, PR 업무를 하는 사람 입장에서 운신의 폭과 기회가 커졌다는 의미도 된다. 그리고 몇 년 뒤에는 "또 회사 돈으로 밥 먹으러 나가네?"라는 얄미운 말들에 받은 상처도 아무렇지 않게 웃어넘길 수 있는 옛이야기가 돼 있을지 모르겠다.

브랜딩이 도대체 뭘까:
마케팅, PR과의 경계에서

2

기업 브랜딩을 주제로 강연할 기회가 종종 생긴다. 보통 스타트업 대표나 실무자가 대상인데, 강연 전에 사전 질문을 받아보면 대개 온라인 광고의 성과는 어떻게 측정하는지, 성공적인 마케팅 프로모션 사례는 무엇이었는지 같은 내용이다. 기업 브랜딩이라는 용어가 아직은 생소하기 때문에 어떤 일을 하는지 정확하게 몰라 '브랜딩' 관련 질문을 하는 것이다. 기업 브랜딩을 회사 로고를 만드는 디자인 작업이나 SNS 광고 영역으로 생각하는 경우도 많다. 그래서 강연 도입부에는 기업 브랜딩의 정의부터 짚고 넘어가곤 한다.

마케팅과 기업 브랜딩

브랜딩은 크게 두 가지로 나눌 수 있다. 제품 브랜딩과 기업 브랜딩. 둘은 딱 잘라 구분하기 힘들 만큼 겹치는 부분이 많지만, 타깃은 분명히 다르다. 제품 브랜딩은 흔히 말하는 마케팅에 가깝다. 마케팅은 소비자로 하여금 상품을 구매하고 싶게 만드는 강렬한 힘을 연구하는 영역이다. 가령 나이키는 각종 매체에 제품을 광고하고, 마라톤 대회를 여는 등 캠페인을 펼

치며 다른 운동용품 브랜드와 차별화되는 메시지를 함께 알린다.

나는 귀여운 캐릭터나 아이콘으로 고객의 마음을 움직이는 마케팅을 좋아한다. 그래서인지 요상한 취미가 있다. 바로 카카오택시 서비스의 지도에 돌아다니는 택시 아이콘 모으기다. 카카오택시 앱에서 택시를 부르면, 출발지에서 목적지까지 택시 아이콘이 길을 따라다닌다. 평소에는 택시 아이콘인데 추석에는 송편, 설날에는 윷이 돌아다니고 크리스마스에는 루돌프가 산타를 만나러 목적지로 향한다. 정말이지 너무 귀여워서, 택시를 불러놓고 스마트폰 화면을 캡처하기에 바쁘다. 그러다 보니 명절에는 아이콘을 보기 위해서라도 카카오택시 이용을 멈추지 못한다. 카카오택시 마케팅이 의도한 수많은 소구점 중에 내가 걸려든 포인트가 바로 이것이다.

반면 기업 브랜딩은 상품이 아니라 '회사'를 이야기한다. 창업자의 철학, 직원들이 만드는 조직문화, 회사의 성장가치에 관심을 갖는 언론과 투자자 등등. 마케팅은 소비자라는 한 집단을 타깃으로 하지만, 기업 브랜딩은 회사가 만나는 수많은 집단을 향해 다가간다. 이들에게 회사 이야기를 일관성 있게 들려주며 입사하거나 투자하거나 응원하고 싶도록 만든다.

나는 카카오택시의 마케팅을 좋아하지만, 그렇다고 가장 좋아하는 회사가 카카오모빌리티는 아니다. 내 최애 회사는 아마존이다. 그곳에서 물건 하나 사본 적 없지만, 아마존의 매력에 흠뻑 빠져든 건 그 회사의 철학 때문이다.

아마존의 철학은 그들이 이뤄낸 오늘날의 성공을 가장 뒷받침하는 요소라 해도 과언이 아니다. 특히 인상적이었던 점은 직원들에게 실패를 장려한다는 것이다. 아마존은 혁신과 발명을 이끌어내기 위해서는 수많은 실패라는 과정이 필요하다는 것을 당연하게 여기며, 직원들에게 '성공적인 실패'를 할 것을 독려한다. 지금껏 아마존이 실패한 프로젝트에 쓴 돈은 수조 원에 달한다.

실패를 장려한다는 게 말은 쉽지만, 실천으로 옮길 수 있는 회사는 몇 없다. 눈앞의 이익과 불안 때문에 실패를 용납할 수 없는 조직문화를 가졌다면, 지금 전 세계 사람들의 사랑을 받는 아마존 서비스들은 세상에 존재하지 못했을 것이다.

이렇게 나처럼 직접 서비스를 이용해본 적이 없는 사람도 그 회사의 팬이 될 수 있다. 제품에 대한 마케팅 활동이 아니더라도, 경영철학과 조직문화를 강조함으로써 회사의 팬을 만들 수 있다. 이것이 마케팅과 다른 점이자 기업 브랜딩이 갖

	기업 브랜딩	제품 브랜딩
목적	기업 아이덴티티 및 신뢰도 강화	고객 만족 및 서비스 가치 강화
주요 영역	기업철학, 조직문화, 대외 평판/리스크, CEO 브랜딩	제품철학, 광고 캠페인, 프로모션, 브랜드 비주얼
공통 영역	제품/서비스	
주요 고객	언론, (잠재적) 직원, 투자자, 국가기관	(잠재적) 소비자
밀접 업무	PR, 대관(對官)	마케팅
예시	스타벅스의 직원 복지정책 홍보	나이키의 마라톤 대회 개최

기업 브랜딩과 제품 브랜딩은 각각 '회사의 팬'과 '서비스의 팬'을 만드는 과정으로, 다루는 영역이 다르면서도 상당 부분 겹치기도 한다. 무엇이 더 중요한지 비교할 수 없고, 둘 다 균형 있게 신경 쓰는 것이 중요하다.

고 있는 특별한 매력이다.

그런가 하면 제품도 좋아하고 회사도 좋아할 수 있다. 지금 이 글을 쓰고 있는 곳은 스타벅스인데, 커피도 커피지만 프로모션 다이어리가 탐나서 안 마시던 종류의 음료까지 주문하던 시절도 있었다. 물론 내가 스타벅스라는 브랜드를 좋아하는 이유는 굿즈 너머에 있다. 바로 소비자보다 직원이 우선이라는 철학이다. 그런 차원에서 스타벅스는 직원을 '파트너'로 부른다. 직원부터 소중하게 생각해야 그 정신이 소비자에게도 전해질 수 있다는 것인데, 매장에서 만나는 직원뿐 아니라 스타벅스 블로그에 등장하는 각국의 직원들, 머나먼 나라의 원두 생산자 이야기까지 살펴보는 재미가 쏠쏠하다. 스타벅스야말로 마케팅과 기업 브랜딩의 균형을 잘 유지하는 브랜드다.

PR과 기업 브랜딩

그렇다면 기업 브랜딩은 PR과는 어떻게 다를까? 둘 다 회사와 대중이 관계를 맺는다는 측면에서 비슷하지만, 동일한 개념으로 보기는 어렵다. 특히 한국에서 'PR을 한다'고 하면 대개 '언론을 통해 알린다'는 의미로 통용되고, PR 담당자라고 하면 보도자료나 기자 미팅 같은 업무만 한다고 오해받을 때가 많다.

사실 회사마다 다르다. 대기업은 몇 개의 PR팀이 담당해야 할 정도로 언론 홍보 업무가 많고 전문적이며, 작은 스타트업은 대표 혼자서 담당하기도 한다. 일의 비중이 어떻든, 회사와 대중과의 관계를 논할 때 언론과의 관계에만 한정지어서는 안 된다.

기업 브랜딩은 조금 더 거시적인 관점에서 회사 이미지에 관한 모든 것을 다룬다. 심지어 회사 밖이 아닌 사내에서 직원들에게 보여지는 이미지도 포함된다. 언론 홍보는 기업 브랜딩의 수많은 수단 중 중요한 하나지, 그 자체가 기업 브랜딩은 아니다. 기업 브랜딩은 개념 정의가 잘 돼 있지 않은 만큼 그 일을 하는 사람을 부르는 명칭도 불분명하다. 이 책에서는 기업 브랜딩 담당자라고 칭하고, 언론 홍보 외에도 어떤 일을 하는지 차근차근 소개해보겠다.

반면 기업 브랜딩은 상품이 아니라 '회사'를 이야기한다.

기업 브랜딩의 고객은 누구일까:
엄마도 회사 고객이다

3

명절이면 회사에서 본가로 과일 선물 세트를 보내주는데 나보다 더 신나는 건 엄마다. 엄마는 작년 추석보다 이번 설날에 받은 과일이 더 신선하다며 항상 기쁜 마음을 알려준다. 다른 직원들도 마찬가지다. 부모님이 선물을 좋아했다며 인증 사진까지 찍어서 회사 메신저로 감사를 전한다. 값비싼 선물이 아니더라도 회사가 보낸 정성에 엄마가 감동하고, 그런 엄마를 바라보는 직원들은 또 다른 만족을 느낀다.

인터넷에 회사 기사가 대문짝만 하게 나왔던 어느 날, "우리 딸이 이런 멋진 회사에 다닌다"고 자랑하고 다니신 직원 아버지가 있다. 딸이 잘 알려지지 않은 IT 스타트업에 다니는 것이 내심 걱정이었는데, 그 우려가 안도감과 뿌듯함으로 변하는 순간이었을 것이다. 강남언니에 다닌다는 사실을 커밍아웃한 나 역시 부모님께 당당하게 회사 기사를 보내드릴 수 있게 됐다.

직원의 가족도 회사의 소중한 고객인 셈이다. 기업 브랜딩은 우리 회사 서비스를 직접 이용하지 않는(이용할 계획조차 없는) 부모님과 친척과 지인에게까지 영향력을 전할 수 있다. 직원들의 가족이나 친지가 어느 날 회사 대표의 불법 도박이나 학력 위조를 다룬 TV 뉴스를 보게 되는 것도 마찬가지다. 물론 좋지 않은 영향력이지만 말이다. 이런 일이 없도록 회사와 구성원들의 잘잘못과 평판을 관리하는 것이 기업 브랜딩이라고 해도 과언이 아니다.

조직 구성원의 가족 외에도 다양한 고객이 있는데, 크게 언론, 국가기관, 산업계, 투자자, (잠재적) 직원, 소비자를 들 수 있다. 이 책에서 말하는 고객은 이들 모두를 포함한다.

언론

언론 홍보는 기업 브랜딩의 중요한 수단이다. TV 뉴스나 신문 기사가 가진 파급력은 엄청나다. 사람들은 공신력 있는 언론사의 한마디를 더 믿기 때문에, 회사 정보를 구할 때도 인터넷으로 기사부터 찾는다. 언론에서 어떻게 조명되느냐가 회사에 대한 인식을 좌우할 가능성이 크다. 회사가 장기적으로 언론과 신뢰를 쌓으며 회사의 소식을 전하는 이유다.

국가기관

정부, 국회와 같은 국가기관은 다양한 산업군의 정책과 법을 다룬다. 회사는 법이 정한 기준과 공공의 이익에 위배되지 않는 선에서 영리를 추구할 의무가 있다. 특히 새로운 시장을 만들어내는 스타트업의 경우, 기존 제도와의 충돌 때문에 국가기관과 긴밀한 소통과 합의가 필요한 경우가 많다. 이슈의 규모가 커질수록 회사는 국가기관을 고객으로 만나는 대관 업무를 수행한다.

산업계

회사와 회사가 만나면 경쟁을 할 수도 있고 협업을 할 수도 있다. 비슷한 서비스를 운영한다고 해서 모든 회사가 서로를 헐뜯으며 경쟁하는 건 아니다. 해당 산업군에 얽힌 사회문제를 함께 해결하거나 시장 규모를 키우기 위해서는 뭉칠 일이 많다. 특히 대관 업무의 경우 민간 기업 단독이 아닌 유사 산업계에 속한 기업이 똘똘 뭉쳐 한목소리를 내야 하는 일도 많다. 이때 창업자·경영자 네트워크는 서로의 인사이트와 정보를 나누고 상호 신뢰를 쌓을 수 있는 중요한 연결고리다.

투자자

회사가 상장하기 전에는 개인과 기관 투자자, 상장 후에는 공개 투자자로 구성된다. 특히 매출과 성과가 전무한 초기 스타트업은 잠재적인 성장가치 하나만으로 평가받는다. 이때 회사와 투자자는 서로 미래를 내다보는 사업 전략과 철학에 대한 신뢰를 다지는 데 오랜 공을 들인다. 투자자와 신뢰 높은 관계를 쌓기 위해 지속적으로 회사의 철학과 성과를 알리고 좋은 사회적 평판을 유지할 필요가 있다.

(잠재적) 직원

훌륭한 제품과 서비스를 만드는 건 결국 사람이다. 업계에 한정된 우수 인재를 채용한 것만으로도 회사의 경쟁력이 확보됐다고 할 수 있다. 하지만 인재를 채용하기 위해 홍보하는 내용과 조직의 실제 모습이 딴판이라면? 인터넷에서 잠시 아름다운 회사로 비친다 해도, 현실과의 괴리는 업계 소문과 기존 직원의 이탈로 인해 탄로 날 게 빤하다. 어떻게 보면 기존 직원의 만족도를 높이는 것이 신규 채용에도 도움이 된다고 볼 수도 있다. 또한, 인재 유출을 막는 일은 조직의 방향성과 문화를 유지하는 데 필수적이다. 이들에게 회사에서 함께 성장해갈 동기를 지속적으로 부여해주는 건 매출만큼이나 중요하다.

소비자

소비자는 마케팅 부서뿐 아니라 제품 개발·CS·영업 부서 등 회사 내 모든 조직에서 1순위 고객군이다. 기업 브랜딩의 역할은 이 소비자들이 궁금해할 제품이 만들어지는 환경과 철학을 관리하는 것이다. 부디 우리의 충성고객이 회사의 실체를 알게 된 뒤 떠나는 일이 없기를 바라면서 말이다.

고객군이 이렇게나 다양한데, 어느 한쪽을 편애하는 건 위험하다. 한쪽의 두터운 신뢰를 받는다고 해서 다른 쪽에 쌓인 불신이 해소되진 않으니까. 물론 모든 고객의 전폭적인 지지와 사랑을 받으면 좋겠지만, 회사가 넋 놓고 있으면 먼저 귀 기울여줄 고객은 많지 않다.

고객의 특징을 이해하는 일도 필요하다. 예를 들어 직원의 프라이버시를 존중하는 문화의 회사라면, 직접 주소를 조사해서 집으로 과일 세트를 보내지는 않을 것이다. 고객의 언어와 도구가 무엇인지 아는 것도 중요하다. 공공기관에 중요한 의견서를 보내는데, 문서 기반 협업툴 노션(Notion)으로 해당 문서를 작성해 페이지 링크만 떡하니 보내지는 않을 것이다. 나는 이들과의 소통을 위해 중학교 이후로 써본 적이 없

기업 브랜딩의 고객군과 영향력 범위

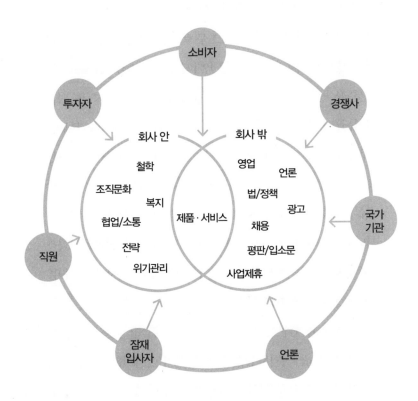

회사 안팎에서 다루는 모든 메시지는 제품 소비자뿐 아니라 다양한 고객에게 영향을 미친다. 작은 사건이나 이야기가 때로 좋은 쪽으로든 나쁜 쪽으로든 예기치 못한 장단기적인 브랜딩 효과로 이어지며, 고객 간의 입소문 등 회사에 대한 평판으로 공유되기도 한다. 메시지 하나하나에 주의를 기울여야 하는 이유다.

던 한글 프로그램을 다시 손에 익혀야 했고, 중학교 사회 시간에 배웠던 입법, 사법, 행정의 절차를 (드디어) 실전에서 경험하고 있다.

또 하나 중요한 사실은, 모든 고객은 촘촘히 연결돼 있다는 것이다. 여섯 다리만 건너면 다 아는 사람이라는 케빈 베이컨(Kevin Bacon)의 6단계 법칙처럼, 어제는 우리 제품을 구입했던 소비자가 오늘은 직원이 되거나 투자자가 되기도 한다. 퇴사한 직원이 업계 관계자나 소비자로 돌아올 때도 있다. 새로 만난 거래처 담당자의 친구가 나의 대학 동기인 경우처럼 말이다. 나도 모르게 "착하게 살아야겠다"라는 말을 입에 달고 살게 된다.

2차 면접에서 아쉽게 탈락한 입사 지원자, 직원의 아버지, 정부 관계자, 투자자, 누구 할 것 없이 모두에게 일관성 있게 회사 이야기를 전하는 것이 중요하다. 오늘도 우리 회사의 크고 작은 영향력을 받은 모든 분께 감사한 마음으로!

유흥업소로 오해받던 회사 1

4

"유흥업소 명함인 줄 알았네요."

여전히 이런 말을 들을 때면, 화가 난다기보다 아직 이곳에서 할 일이 무수히 남았다는 증거로 들린다. 지금부터 소개할 명함을 찢었던 내 과거도 오버랩되면서 말이다. 나름의 전과가 있다 보니 죄책감으로라도 이 듣기 지겨운 말에 최대한 성의 있게 대답한다.

몇 년 전, 그러니까 세상에 강남언니라는 서비스가 존재하는 줄도 몰랐던 2016년의 일이다. 카페에서 한 남성이 명함을 건네며 연락처를 물어봤다. 명함에는 '강남언니'라는 글자가 적힌 로고가 박혀 있었고 나는 거부반응부터 일으켰다. '뭐야, 나보고 성형하라는 건가?'가 첫 번째로 든 생각이었고, 두 번째는 '불법 대출회사 이름 같은데?'였다. 바로 손사래를 치고는 몰래 명함을 찢어 휴지통에 버렸다. 그로부터 3년 뒤, 내가 이 회사를 브랜딩하는 담당자가 될 줄은 정말이지 꿈에도 몰랐다.

강남언니 대표를 만나 이직 제안을 받았을 때까지도 거부감은 좀처럼 수그러들지 않았다. 아무리 인터넷을 뒤져봐도 '성형을 조장하는 불법 서비스'라는 의혹을 제기하는 기사밖에 없었고, 회사 블로그는 개발 이야기로만 가득해서 한 줄도 이해하기가 힘들었다. 이런 회사에 들어간다고? 나는 콧방귀를 뀌었다. 지인들 역시 "강남언니? 이름만 들어도 너의 힘든 회사 생활이 보인다. 가지 마!"라고 (합리적인 근거 따위 없이) 말리며 내 인생에 양념을 쳤다.

그런데 이상하게 강남언니에 대한 생각이 떠나질 않았다. 첫 만남 때 대표는 자신이 중시하는 조직문화와 철학, 글로벌 진출 계획 등 3시간 내내 회사의 비전을 이야기했다. 그 대화 내용이 머릿속에서 자꾸만 맴돌았다.

'아니 그런데, 이렇게 빠르게 성장하는 스타트업이 왜 나쁘게만 알려져 있을까?'

'불법 서비스라는 비난에 왜 반박 입장문조차 내지 못한 걸까?'

'강남언니라는 이름에 숨겨진 회사의 반전 매력이 세상에 드러나면 얼마나 좋을까?'

'뭐야, 나 왜 이래. 세뇌당했나?'

이곳은 긁지 않은 복권이라는 확신이 들기 시작했고, 한편으로는 큰일났다 싶었다. 마음먹은 건 무조건 행동으로 옮겨야 하는 체질인데, 하필 꽂혀도 이런 곳에 꽂히다니. 내가 하는 일이 회사의 가치를 알리고 편견을 바로잡는 것이라면, 최고 난도의 업무를 요하는 회사로 보였다. 그런데 모순적이게도 '내가 그 어려운 변화를 만드는 주체가 되면 어떨까?' 하는 흥미진진한 상상을 해버린 것이다. 그리하여 지금 보시다시피, 주변의 반대에도 불구하고 이 회사의 문지방을 넘어버렸다.

모두가 숨기고 싶어 한 그 이름

입사 뒤에는 모든 의문이 눈 녹듯 사라지고 행복한 나날의 연속이었다, 라는 이야기가 펼쳐지면 좋았겠지만 현실은 만만치 않았다. 다행히 회사 내부를 들여다보니 주변에서 바람까지 넣어 크게 부풀었던 불안감은 쏙 사라졌지만, 해결해야 할 문제가 산더미처럼 쌓여 있었다.

가장 먼저 발견한 문제는 바로 직원들의 인식이었다. 직원들마저 강남언니라는 브랜드 이름에 거부감을 쉽게 떨치질 못했다. 채용 담당자는 "강남언니라는 이름으로 입사 제안을 하면 무조건 거절당해요. 그나마 회사 이름인 힐링페이퍼로 연락해야 겨우 통화가 가능한 게 현실이에요"라고 말할 정도였다.

그래서인지 사무실에는 강남언니라는 브랜드를 보여주는 특징이 없었다. 명함을 주문했는데, 글쎄 도저히 강남언니를 홍보하기 힘들겠다는 생각이 들 정도로 명함에는 브랜드가 드러나 있지 않았다. 힐링페이퍼라는 회사 이름만 크게 앞뒤로 적혀 있었다. 반면 강남언니 로고는 보일 듯 말듯하게 명함 구석에 박혀 있었다. 자초지종을 알아보니 직원들이 친구나 부모님에게 당당하게 명함을 건네기 위해서였다는 것이다. 회사 후드 점퍼에도, 사내 포스터에도, 블로그 이름에도 힐링페이퍼만 있을 뿐 그 어디에도 강남언니는 보이지 않았다. 서비스 이름을 꼭 적지 않아도 되는 곳에서는 가능한 한 그 이름을 숨겨오고 있었다.

이를 어찌해야 할까? 직원들이 감추고 싶어 하는 이름의 서비스가 언제까지 승승장구할 수 있을까? 몇 달 장사하다가 문 닫을 구멍가게라면 당장 하루 매출을 많이 내는 게 중요할 테니 문제가 없다. 하지만 세상을 바꾸겠다는 포부를 가진 회사가 브랜드 하나 드러내는 일에 지레 주춤해선 안 될 것이다.

우리 브랜드가 사랑을 받는 데 걸림돌이 있다면, 그것을 외면하기보다 최대한 빠르게 제거해야 한다. 앞으로 회사가 수백 명, 수천 명이 될지도 모르는 사람들에게 입사 제안을 할 텐데, 언제까지고 이름을 감출 수는 없다.

그리하여 내가 스스로에게 부여한 첫 임무는, '강남언니를 드러내는 기업 브랜딩'이었다. 회사의 발길이 닿는 모든 곳에 강남언니라는 도장을 쾅쾅 남기는 일이 필요했다. 그 과정에 브랜드의 다양한 이야기를 조금씩 녹이며, '성형괴물'만을 연상하는 사람들의 편견을 씻어내리라 다짐했다.

그렇게 회사 안팎에 산발적으로 흩뿌려진 힐링페이퍼라는 이름을 덜어내고, 회사를 소개하는 모든 온 · 오프라인 공간에 강남언니라는 이름을 활용하게끔 했는데, 이렇게 생각하는 이들도 있었다. 나중에 다른 서비스를 출시하거나 자회사를 설립할 수도 있으니 회사 이름도 계속 알려야 하지 않을까?

실제로 초기 스타트업을 보면 서비스 이름과 회사 이름이 다른 경우가 꽤 있는데, 대표들에게 물어보면 똑같은 답변이 돌아온다. 서비스 이름과 회사 이름이 같으면, 회사의 성장 가능성이 딱 그 서비스만큼으로 제한돼 보일까 봐 걱정된다는 것이다.

나는 미래의 자회사를 생각할 시간에 현재 하나뿐인 브랜드가 처한 문제에 집중하는 것이 급선무라고 봤다. 지금 브랜드부터 살고 봐야 그다음 브랜드와 자회사를 만날 수 있을 것이다. 현재의 한계를 벗어나지 못한다면 그 미래마저 없지 않을까?

회사 이름에 대한 고민을 할 필요가 없다는 증거는 많은 선례에서 찾을 수 있다. 토스증권은 비바리퍼블리카(모회사명) 없이도 토스를 연상케 하고, 배민라이더스는 우아한형제들(모회사명)이나 우아한청년들(회사명)보다 서비스의 이름인 배달의민족을 먼저 연상케 한다. 회사 이름이 프로그램스였던 왓챠, 레이니스트였던 뱅크샐러드는 진작에 회사 이름을 서비스 이름으로 바꿨다. 페이스북, 인스타그램 사용자들은 이 서비스를 운영하는 회사의 이름이 페이스북에서 메타로 바뀌었다는 것을 굳이 알지 않아도 된다.

회사 밖 사람들이 우리 브랜드를 인지하게끔 하려면 단순하고 통일된 전략이 필요하다. 사람들은 우리 회사의 많은 정보를 기억해주지 않는다. 회사에 대한 사회적 인식을 바꾸는 건 정말 어렵고 오래 걸리는 일이다. 하지만 아주 불가능한 것도 아니다. 그리고 가장 먼저 바꿔야 하는 건, 회사 안 사람들의 인식이다. 스스로를 자랑스럽게 여기지 않는데, 어느 누가 좋아해줄까?

여담으로, 웃픈 에피소드가 하나 있다. 입사한 지 얼마 안 됐을 때였다. 친분 있는 (남성) 기자의 결혼식에 갔다가 축의금 봉투에 이름을 쓰기 전에 1초간 고민했다. '창피하니까 강남언니는 쓰지 말까.' 그래도 언제까지나 숨길 수는 없을 테니 눈 질끈 감고 '강남언니 황조은'으로 적었다. 순간, 축의금 봉투를 받는 사람과 내 뒤에 줄을 선 사람들 사이에 정적이 흘렀다. 다들 무슨 생각을 했던 것일까?

유흥업소로 오해받던 회사 2

5

근본적인 문제를 찾고 나니, 해결해야 할 크고 작은 일들이 보이기 시작했다. 내 눈에 들어온 첫 번째 타깃은 명함이었다.

민트색 명함을 강남언니의 브랜드 컬러인 주황색으로 바꾸고, 커다랗게 박힌 회사 이름을 강남언니로 바꾸는 게 우선이었다. 짧은 시간 내에 디자이너와 명함 디자인을 교체하는 작업을 시작했다. 그런데 명함을 만들다 보니 이메일 주소도 문제였다. 모든 직원이 회사 이름의 도메인(@healingpaper.com)을 이메일 주소로 사용하고 있었는데, 적어도 대외활동을(밖에 나가서 하는 비즈니스 업무를 대외활동으로 부르겠다) 많이 하는 직원들만이라도 서비스 이름의 도메인(@gangnamunni.com)을 쓰게끔 했다. 명함 하나만 바꿔도 강남언니에 대해 듣고 싶은 기자, 강남언니와 사업 제휴를 논의할 사람들에게 일관성 있는 첫인상을 남길 수 있다.

그다음엔 블로그가 눈에 들어왔다. 출시한 서비스의 개발과 관련한 내용을 주로 적는 '힐링페이퍼 기술 블로그'였는데, 우리 회사 직원들이 강남언니라는 서비스를 만드는 사람들이라는 사실이 널리 알려지고, 조직문화와 철학과 관련한 블로그 글도 더 빛을 발했으면 하는 아쉬운 마음이 컸다.

블로그는 직원이 직접 회사의 일하는 문화를 전달할 수 있는 아주 훌륭한 통로다. 즉 브랜드에 대한 오해를 해소할 수 있는 효과적인 채널이다. 그래서 블로그에서 '힐링페이퍼'와 '기술'이라는 정체성을 과감히 버렸고, 직군을 막론하고 더 많은 이들이 블로그를 방문하도록 '강남언니 공식 블로그'로 개편하는 작업을 마쳤다.

물론 조직문화를 소개하는 블로그가 인기를 끈다고 해서 당장 고객이 폭발적으로 증가하지는 않는다. 그래서 처음 내가 블로그를 새로 만들겠다고 했을 때 블로그 개편에 드는 많은 시간과 개발 리소스에 대한 직원들의 거부감을 줄이고 이해도를 높이는 설득이 쉽지 않았다.

변화에 고통이 따랐던 만큼, 다행히 이제는 많은 이가 소셜 미디어에서 강남언니 블로그 글을 수백 회 공유하거나, 면접 준비 자료로 참고하고 있다. 블로그 글을 읽은 사람이 입사의 주인공이 되는 사례가 늘어나고 있어서, 이제는 블로그가 가져오는 효과를 더욱 확실하게 입증하고 있다.

그런데 기업 브랜딩 차원에서 꼭 하고 싶은 것이 있었다. 바로 〈강남미인도〉를 그린 웹툰 작가 마인드C와의 협업이다. 〈강남미인도〉는 성형 문화를 비판할 때 활용되는 일러스트인지라 단어 자체에 부정적인 시선이 얹혀 있다. 하지만 마인드

C의 과거 인터뷰를 찾아보니, 성형하는 사람을 이유 없이 손
가락질하는 분위기를 풍자하려는 의도였다고 한다.

　마침 내가 작성하던 블로그 글에 그 일러스트를 사용하기
위해 저작권 허락을 받아야 했다. 작가가 속한 회사로 연락하
자, 일러스트의 취지처럼 강남언니 서비스가 비판하려는 사
회 풍토를 잘 강조해달라는 답변이 돌아왔다. 결국 재밌는 협
업 콘텐츠까지는 만들지 못했지만, 대한민국 웹툰 역사에 한
획을 그은 일러스트를 글에 사용할 수 있어서 괜한 사명감까
지 느껴졌지 말이다.

작지만 큰 변화

　　"강남언니가 달라 보여."

강남언니 입사를 반대하던 친구가 얼마 전 건넨 말이다. 우리
회사 소식을 보고 한 얘기였는데, 울컥했다.

　이제 강남언니는 많은 사람이 성형외과 · 피부과를 가기 전
에 꼭 한 번씩 써보는 앱이 됐고, 아무도 입사하지 않아서 괴

로웠는데 이제는 누구를 채용해야 할지 고민해야 하는 회사가 됐다. 불과 2년 동안 일어난 변화다.

매출과 곧장 연결되는 브랜딩이 아니면 낭비라고 생각하는 사람들이 꽤 있다. 조직문화나 사내 소통의 어려움을 겪어보지 않은 초기 스타트업인 경우가 많다. 그들에게는 명함이 어떻게 생기든 블로그 주소가 어떻든 간에 당장의 매출과 동떨어져 보이는 업무는 안중에 없을 것이고, 기업 브랜딩에 투자하는 시간이 낭비처럼 보일 것이다.

기업 브랜딩이 투자 대비 효과(ROI)가 낮다고 느껴질 수 있겠지만, 사실 잘된 브랜딩은 회사에서 가장 중요한 채용과 투자 유치에 드는 비용을 절약해주는 효자다. 비싼 광고료를 내고 거는 채용 공고보다 조직문화나 창업자에 대한 긍정적인 평판 하나가 끝내주게 좋은 ROI를 낼 수 있다. "우연히 채용 공고를 보고 입사 지원했어요"보다 "워낙 일하기 좋은 회사로 소문난 곳이라 오래전부터 입사하고 싶었어요!"라고 말하는 직원이 더 오랫동안 즐겁게 일할 가능성이 높을 것이다.

기업 브랜딩은 회사의 성장과 매출에 굉장히 큰 영향을 준다. 계속 방치한다면 장기적으로 좋은 상품, 직원, 고객을 얻는 기회를 놓치게 된다. 즉 기업 브랜딩이란 어느 하나만 특별하게 잘 알리고 예쁘게 만들면 되는 것이 아니라, 회사에 존재하는 온갖 것에 신경을 곤두세운 채 결함은 줄이고 강점은 극대화하는 총체적인 일이다.

브랜딩의 영향력과 책임:
예측 불가의 묘미

투자사 카카오벤처스에 다닐 때 내가 주로 했던 일은 회사가 스타트업에 투자한 소식을 알리는 동시에 투자한 스타트업(포트폴리오라고 부르는)의 홍보를 돕는 것이었다. 회사는 2019년 8월에 방송인 허경환 씨가 운영하는 브랜드 '허닭'에 투자했는데, 허닭 브랜드의 회사 이름은 '얼떨결'이다. 두 공동대표에게 직접 들어보니 허경환과 김주형 대표가 한강 근처 편의점에서 사업을 논의하다가 얼떨결에 회사까지 차리게 돼서 지은 이름이라고 했다.

참 재밌는 이름이라고 생각한 것도 잠시, 어떻게 하면 얼떨결사가 갖고 있는 가치를 잘 알릴 수 있는지만 고민했다. 그렇게 보도자료를 냈는데 예상치 못한 곳에서 사람들의 반응이 터졌다. '카카오벤처스, 닭가슴살 브랜드 '허닭' 얼떨결에 투자'라는 제목의 기사가 쏟아졌기 때문이다. 생각 없이 얼떨결에 투자한 것으로 읽히니 다들 폭소했던 것이다. 그렇게 해서 나로서는 꽤나 엉뚱한 포인트에서 '카카오가 허닭에 투자했구나'라는 인식을 대중에게 강렬히 남기게 됐다.

허닭 외에 내 손으로 직접 홍보했던 150개 스타트업 가운데 가장 기억에 남는 곳은 인공지능 로봇 개발 회사 토룩(Torooc)이다. 한국에 몇 안 되는 로봇 회사를 만든 대표의 철학을 직접 듣고, 사무실을 방문할 때마다 하루하루 로봇 시제품의 완성도가 높아지는 걸 보면서 정말로 신기했다.

이 회사의 존재를 모르는 수많은 이에게 내가 로봇 개발 과정을 보면서 느낀 점을 그대로 알려주고 싶었다. 페이스북에 귀엽고 작은 로봇을 안고 찍은 사진을 올리기도 하고, 기자들에게 여기 취재하면 재밌을 거라고 추천도 많이 했다.

시간이 갈수록 아직 제품 출시도 안 한 이 회사를 아는 사람이 많아졌다. 토룩 대표에게는 강연과 인터뷰 요청이 쇄도했다. 내 주변 지인들은 로봇을 실제로 보고 싶다며 국내 출시를 기다리기도 했다. 이 회사를 생각하면 언제나 뿌듯하다. 시간이 꽤 지났지만 요즘도 가끔 토룩의 근황을 몰래 살펴보곤 한다.

생각만 해도 식은땀이 나는 일도 있었다. 한 스타트업 대표와의 친분으로 홍보를 도왔는데, 지인이나 기자에게 소개할 때마다 백이면 백 뜨거운 관심을 보였다. 기존 시장에 없던 획기적인 서비스 모델이었기 때문이다. 이 서비스의 사회적 가치를 강조하는 대표의 인터뷰가 여러 번 방송을 타기도 했다. 말주변이 뛰어난 대표는 언론 인터뷰를 유쾌하게 소화해냈다. 눈에 띄는 홍보 효과 덕분에 나도 덩달아 신이 났다.

그런데 어느 날부터 대표가 연락을 받지 않았다. 나를 포함해 업계 사람들과도 연락 두절이었다. 알고 보니 불법적으로 회사를 운영한 정황을 들켜 종적을 감췄다고 했다. 투자받은 사업자금을 본인 신혼집 구하는 데 홀라당 썼다나 뭐라나.

배신감은 둘째 치고, 허탈감과 죄책감이 몰려왔다. 아뿔싸, 내가 이런 불법 회사를 한국의 떠오르는 스타트업이라며 홍보하고 다녔단 말인가. 지금까지 내가 뱉었던 수많은 아름다운 말은 모두 거짓이었단 말인가.

사실 누군가에게 영향력을 미친다는 건 무서운 이야기다. 한번 내뱉으면 주워 담을 수도 없는 그 무게를 아프게 체감했던 오래전 경험이다.

8할이 믹스커피

장시간 과로하다 긴장이 탁 풀리고 나면 어김없이 응급실행이다. 진작 병원을 가거나 휴식을 취했다면 좋았을 텐데, 늘 후회하면서도 병을 사서 데려온다. 업무 부담이 큰 프로젝트를 동시다발적으로 진행할 때 유독 그렇다. 몇 주가 걸릴지 모르는 일인 만큼 쉴 때 확실히 쉬는 게 필요한데 일에 치여 타이밍을 놓치기 일쑤다.

종종 병원 침대에서 링거 주사를 꽂은 채 멍하니 누워 있자면, 필름처럼 머릿속을 스치는 하나의 기억이 있다. 바로 첫 회사에서의 1년이다. 대우전자에서 분사한 중견 제조 회사였는데, 위계가 강하고 수직적인 구조였다. 반면 오랜 역사를 쌓아온 만큼 보통의 스타트업이 갖지 못한 깊은 내공과 경험을 지녔다는 확실한 강점이 있었다.

2013년 말 당시 나는 경영기획실 내 홍보팀의 신입사원으로 입사했고, 신설 팀이라 혼자 일했다. 특히 입사 초반 3개월은 용인 외곽에 위치한 공장 옆 사무실로 출근했다. 시골이라는 표현이 어색하지 않은 곳이었다. 폭설로 인해 통근 버스의 발이 묶이면, 사무실 창밖을 하염없이 바라보며 눈이 녹기만을 기다리던 숱한 날들이 있었다. 하지만 그 3개월 동안 어떻게든 PR 업무 전반을 익혀야 했다. 화장실에서 몰래 지인에게 전화를 걸어 보도자료 배포 방법을 묻는 등 내가 취할 수 있는 모든 방법으로 접근했다. 보도자료를 이메일로 보낸다는 사실도 그렇게 처음 알았다. 다행히 주로 사람을 만나거나 글을 쓰는 일이 내 성향과 잘 맞았다.

그런데, 이 재미있는 일을 계속하려면 입사 전에는 예정에 없었던 비서를 겸직해야 했다. PR 담당자는 대표의 철학을 잘 이해해야 한다며, 공석이던 비서 역할까지 준 것이다. 매일 출근 시간인 8시 30분보다 10분 일찍 와서 대표실 전체를 걸레로 닦고, 조간신문을 챙기고, 믹스커피를 휘저었다. 출근 시간이 늦은 요즘은 9시 30분에 일어나기도 버거운데, 참 상상도 못할 과거다. 심지어는, 기자와 점심 식사 미팅을 하다가도 1시가 되면 "기자님, 죄송하지만 제가 대표님 커피를 타드리러 가야 해서요"라며 자리를 떠야 했다(훗날 그 기자의 말에 따르면 정말 기이한 광경이었다고). 임원 회의가 있거나 손님이 많은 날엔 열 잔 이상의 믹스커피를 한 번에 타는 기술까지 연마했다.

늦은 오후에 불 꺼진 지하 구내식당은 유일한 안식처였다. 비서 업무를 하다 보니 자연스럽게 구내식당과 청소 담당 이모님들의 업무도 관리했는데, 이모님들은 식당 구석에서 쉬고 있는 나를 못 본 체해주셨다. 아무렴 "엄마, 원래 사회생활은 이런 건가 봐"라며 자기 위안을 했지만, 매일 서류 파일을 들고 다니는 동료들 틈에서 걸레, 고무장갑, 믹스커피, 유리컵을 품에 안고 다니는 건 여간 서러운 일이 아니었다. 잠시라도 한숨 돌릴 때가 오면 어두컴컴한 지하 식당으로 내려갔고, 그러다 나를 찾는 연락이 오면 황급히 뛰어올라가 커피를 만들었다.

그러다 며칠을 끙끙 앓은 적이 있었다. 등을 두들기면 배 속 어딘가에서 고통이 느껴졌고, 온몸에 퍼진 오한이 도무지 낫질 않았다. 지하 식당에 쭈그려 앉아 40도가 넘는 몸을 양손으로 감싸서 버텼다. 간신히 휴일에 방문한 병원에서는 신우신염이라고 진단했다. 팔에 링거 주사를 꽂고 하얀 병원 천장을 바라보는데, 뭐가 그리 무서워서 상사에게 잠시 병원 다녀오겠다는 소리도 못 했는지 한참을 자책했었다.

하지만 지금 그때로 다시 돌아간대도, 나는 동일한 선택과 행동을 할 것이 분명하다. 처음에는 나조차 내 일을 허드렛일로만 여겼지만, 돌이켜보니 매일 잔꾀를 부리지 않고 성실함으로 임했다는 건 꽤나 대단한 일임을 깨달았다. 시작은 타의였으나 '내가 이것도 못하겠어?'

라는 오기가 지금의 나를 지탱하는 단단한 뿌리로 자라났다.

아직도 눈으로 덮인 하얀 세상, 통근 버스, 믹스커피 봉지, 100리터 짜리 쓰레기봉투를 볼 때면 그때가 떠오른다. 지금도 계속해서 생존하려 버둥거리고 있는 꼴이긴 하다. 날고 기는 똑똑이들의 무리에서 살아남으려면, 오기 하나만이라도 앞서야겠다는 악바리 근성만 키웠나 보다.

"나를 키운 건 8할이 손석희라는 악몽이었다."

김주하 아나운서의 책 《안녕하세요 김주하입니다》에 나오는 구절이다. 고등학교 때 읽었지만 문장 속 단어들이 선명하게 기억에 남아 있다. 신입 시절, 무섭게 호통 치던 선배를 '악몽'이라는 단어로 표현했지만, 그 단어에서는 너무나도 값진 경험을 전해주고 성장으로 이끌어준 선배에 대한 애정이 느껴진다.

그나저나, 훗날의 나는 "지금의 나를 만든 건 8할이 믹스커피였다"라고 말할 수 있으려나.

IDENTITY

CULTURE

PUBLIC RELATIONS

GOVERNMENT RELATIONS

PRINCIPLE

DATA STORYTELLING

STRATEGY

COLLABORATION

RESPONSIBILITY

RISK MANAGEMENT

OBSERVATION

INFLUENCE

FUTURE

그 회사의
시선

멀리 보되, 한 발도 신중하게

2장

시작은 원칙을
명확히 하는 일부터

1

어느 날, 감개무량하게도 한창 인기였던 유튜브 채널에서 강남언니로 방송 섭외가 들어왔다. 유명 방송인이 회사로 찾아온다는 연락을 받은 순간, 직원들의 환호와 함께 사무실이 뒤집어졌다. 나는 회사의 어떤 공간을 소개해야 할지 구상하며 벌써부터 설렜고, 대표는 본인이 너무 유명해져서 친척과 동창들에게 전화가 쏟아지는 것 아니냐며 시원한 김칫국을 마셨다.

허나 구체적으로 제공해야 할 정보를 듣고 나니 조금 망설여졌다. 대외비, 대내비라고 부르는 비공개 정보들을 방송에서 일부 공개해야 했는데, 가령 '경력 몇 년차는 연봉 얼마 이상' 같은 정보였다. 직급이 있는 회사라면 인터넷에도 공개되어 있는 정보지만, 직급 구분이 없는 회사인지라 사내에서도 '직군, 직급별 평균 연봉'은 절대 공개하지 않았다. 좋아했던 것도 잠시, 대표와 나는 고민에 빠졌다.

What이 아니라 Why

방송에 나가면 인지도가 상승할 것이 분명했지만, 결국 출연을 포기하기로 했다. 애초에 계산한 적도 없는 평균 연봉을 공개하면 직원들 간에 불필요한 오해가 생길 수 있었다. 신규 채용과 회사 인지도보다 중요한 직원들을 떠올리니, 생각보다 빠르게 결정이 났다.

지나고 보니 우리가 중요하게 여기는 가치에 따라 잘한 결정이었구나 싶다. 언젠가 우리 회사 영상팀을 총괄하는 프로듀서가 했던 말도 떠오른다.

> "조회수 수백만이 나오는 영상을 만드는 걸 목표로 할 수는 있겠지만, 우리 팀은 그렇게 하지 않아요. 건강과 관련된 의료 정보를 담는 영상이다 보니, 조회수만 높이려는 자극적인 영상 제작은 피하고 있어요."

회사 내에서 이루어지는 모든 의사결정에는 원칙이라는 기준이 있어야 한다. 가령 무대응 또한 원칙이라 할 수 있다. 하지만 "우리는 귀찮아서 안 할 거야" 하는 식의 '무전략의 무대응'과 '의도적 무대응'에는 명백한 차이가 있다. 당장 겉으로 보기에는 둘 다 똑같은 무대응이지만, 원칙에 따른 결정이냐 그렇지 않으냐는 큰 차이다.

아직은 원칙이 희미한 초기 스타트업의 경우, 수단(what)을 원칙이라고 생각하기 쉽다. 초기 스타트업 대표들로부터 '~을 하는 방법'에 대한 질문을 많이 듣는데, '소셜미디어를 통한 효과적인 홍보 방법', '홍보 담당자를 채용하는 시기와 노하우', '보도자료를 최대한 많이 기사화하는 방법' 같은 것들이다. 그리고 그들은 그 방법만을 좇기 시작한다. 하지만 막상 그걸 왜 지금 중요하게 해야 하는지 물어보면 대답이 돌아오지 않는다. 아직 어떤 목적으로 브랜드 메시지를 전달해야 할지 깊게 고민해본 적이 없기 때문이다.

무엇을 하겠다는 수단을 정하기 전에 그것을 왜 하는지, 즉 목적(why)에 대해 스스로 대답할 수 있어야 한다. 다음과 같은 질문을 반복하다 보면, 맹목적으로 내일 할 일만 좇는 일은 사라질 것이다.

"장기적으로 회사가 대중에게 전달하고자 하는 메시지와 목적은 무엇인가?"
"홍보 및 브랜딩 담당자는 어떤 문제를 해결하는 사람이어야 하는가?"
"평소에 나는 얼마나 브랜딩의 중요성을 인지하고 시간을 투자하는가?"

앞선 물음에 제대로 대답할 수 없다면, 향후 담당자를 채용한다고 해도 험난하게 펼쳐질 미래가 훤하다. 회사의 브랜드 정체성과 전략에 대한 질문에 창업자마저 답하지 못하는데, 누구인지도 모를 사람에게 맡겨서 해결되리라 믿는 건 무책임하다. 채용이 급한 게 아니라, 원칙과 전략이 급한 것이다.

브랜드 지도 그리기

스타벅스는 직원을 고객보다 우선하며 직원들의 업무 환경과 상호 교류를 중시한다. 창립 100주년이 되어가는 볼보는 '안전'과 '사람'을 최우선하는 문화를 강조한다. 나이키는 신체를 가진 모든 사람을 곧 운동선수라 여기며 '그들을 위해 존재한다'(We Serve Athletes)는 가치를 강조한다. 이들의 선명한 철학과 원칙은 브랜드 색깔에 이미 잘 드러나 있다.

스타벅스가 직원을 중시한다고 해놓고 실상은 야근을 강요하고 직원들의 고충을 외면해왔다면, 오늘날의 스타벅스가 있을 수 있었을까? 갑자기 볼보에서 안전을 무시하고 스피드만 추구하는 자동차를 출시한다면 도무지 어색한 전개이지 않을까?

원칙이란 곁에서 돕기만 하는 사람이 대신 만들어줄 수 없다. 결국 창업자가 브랜드와 조직을 만들 때 가졌던 문제의식, 철학, 해결책을 통해 원칙의 방향성을 세워두어야 한다. 그럴 때는 회사의 '브랜드 지도'부터 그려보라고 하고 싶다. 학창 시절 동그라미 안에 내용을 채워 넣고 동그라미끼리 선으로 연결하던 마인드맵을 떠올리면서 말이다.

가장 가운데 동그라미에 회사의 가장 중요한 미션을 적고, 그에 따른 전략과 수단의 동그라미를 계속해서 그리며 연결하는 것이다. 처음부터 완벽한 브랜드 지도를 그릴 수 있다면 좋겠지만, 그렇지 않더라도 동그라미 안에 들어가는 내용을 반복해서 다듬으면 된다. 이 지도는 회사의 어려운 의사결정을 도와줄 나침반 역할을 할 수 있을 것이다. 나 역시 브랜딩 전략이나 의사결정이 막힐 때면 노트에 마인드맵으로 지도를 그리곤 한다.

그럼 지금부터 가상의 두 회사 이야기를 해보자. 원칙이 있고 없고에 따른 기업 브랜딩 결과의 차이를 극명하게 느낄 수 있을 것이다.

리얼소셜 이야기

2

여기 가상의 두 회사, '리얼소셜'과 '글라우브'가 있다. 두 회사가 위기에 대처한 방식을 비교하면서, 회사 홈페이지나 소개서 속 문장 정도로만 여겨지는 미션과 원칙 등이 실제로 얼마나 큰 의미를 갖는지를 살펴보려 한다. 두 회사 모두 직접 제작하거나 납품받은 제품을 소셜미디어 채널에서 판매하고 있다. 먼저, 리얼소셜 이야기.

리얼소셜은 다가오는 1분기에 고기능성 침대 매트리스를 주력 판매할 계획이다. 결혼과 이사가 많은 봄철 성수기에 매출 특수를 톡톡히 누리겠다는 각오다. 침대 매트리스는 객단가가 높고 모든 집에서 필요로 하기에 경쟁이 치열하다. 리얼소셜은 점유율 1위 자리를 선점하기 위해 공격적인 홍보·마케팅을 준비하기 시작한다.

매출 극대화가 목표인 리얼소셜 대표 김사업은 2월 중순부터 본격적인 SNS 광고 캠페인, 인플루언서 상품 협찬, 후기 체험단 모집에 막대한 비용을 투자하기 시작했다. 자신의 인맥을 총동원해 소개받은 기자와 최대한 많은 인터뷰를 진행하고, 할인 이벤트 같은 모든 프로모션마다 보도자료도 배포했다.

한 달 뒤, 대대적인 홍보 결과는 효과를 드러내기 시작한다.

소비자 반응은 뜨겁다 못해 몇 차례 재입고한 제품이 품절되는 사태까지 벌어졌다. 그야말로 즐거운 비명이! 김사업은 이대로만 가면 목표를 초과 달성하리라 확신한다. 개인 SNS에 매출을 자랑하는 글까지 쓴다. 게다가 제품 공급처와의 계약 내용이 담긴 비밀 정보도 일부 공개하며 많은 이의 관심을 끌고, 축하도 받는다.

그러던 중 예기치 못한 일이 벌어진다. 밥 먹듯 야근하던 직원들도 미처 챙기지 못한 사안이었다. 바로 어느 온라인 커뮤니티에서 매트리스 광고에 대해 성상품화 문제를 제기한 것이다. 여기에 김사업의 과거 SNS 글까지 함께 거론되며 회사와 대표의 윤리성에 대한 논란은 일파만파 커져만 갔다.

품절 사태가 일어난 날보다 더 정신없었다. 사무실의 공기는 전화벨 소리로 가득 차고, 인터넷에서도 고객부터 기자까지 공식 입장 요구가 빗발쳤다. 직원들은 난생처음 겪는 진통에 당황한 나머지 그로부터 며칠 동안 어떤 전화도 받지 못했다.

김사업은 지금 일어나는 일이 외부의 시기와 질투 때문이라는 생각이 들어 억울했고, 보는 눈이 많은 자신의 개인 SNS에 공식 입장을 게재했다.

— 안녕하세요. 리얼소설의 김사업 대표입니다. 최근 인터넷 커뮤니티에서 떠도는 자사 제품 광고의 성상품화 논란에 대해 입장을 전합니다. 자사의 침대 매트리스는 출시 초반부터 판매량이 급증해 연이어 세 차례 매진을 달성하는 등 빠르게 성장세를 이어가고 있습니다. 현재 논란이 되는 광고 문구는 '보는 사람에 따라 충분히 자의적인 해석이 가능한 부분'이라는 변호사의 자문을 받았습니다. 따라서 제 SNS의 과거 포스팅에 대한 해석을 포함해 지속적으로 허위 사실을 유포하고 회사의 매출과 이미지에 손해를 입히는 자에게는 강경한 법적 대응을 할 것입니다.

김사업 드림

이제 그의 글은 각종 SNS와 미디어에서 수백 회 공유되기 시작했다. 김사업은 '그게 사과냐?'는 비난 댓글이 붙으면 화를 참지 못하고 반박 답글을 달았고, 추가 문의를 하는 기자에게 윽박을 지르는 등 감정적으로 응대하고 만다. 회사를 비판하는 기사가 나오면 곧바로 직원에게 다른 내용의 보도자료를 작성해서 해당 기사를 '묻히게' 하라는 요구까지 했다. 직원은 이벤트를 운영한다는 내용의 보도자료를 급히 작성해 배포했지만 기사로 게재하는 언론사는 없었다. 일주일이 지나도록 포털에서 리얼소셜의 연관 검색어는 논란의 키워드로만 가득할 뿐이었다.

리얼소셜에 악몽 같던 하루의 여파는 생각보다 더 오래 갔다. 무엇보다 논란에 대응하는 김사업의 태도를 비판하는 여론이 거셌다. 김사업의 의견을 지지하던 일부 스타트업 대표와 기자들도 공개적인 응원의 말을 아끼기 시작했다. 중고 거래 앱에서는 리얼소셜의 침대 매트리스가 헐값으로 올라오는 한편, 여성 단체에서는 불매운동과 함께 리얼소셜의 사과를 재차 요구하고 있었다. 제품 공급에 대한 계약 기밀을 누설당한 납품처 사장도 더 이상 김사업을 믿지 못하겠다며 계약 해지를 요구했다. 심지어 투자를 약속한 유명 투자사도 연락을 끊었다. 리얼소셜의 회사 이미지와 월 매출 그래프는 급격히 추락하고 만다.

이제 김사업은 사람들이 빠르게 이 논란을 잊기를 바라고 있다. 자신을 외면하는 사업 파트너, 줄줄이 퇴사하는 직원, 치솟는 적자를 바라보면서 대대적인 구조조정만이 답이라 여겼다. 그렇게 조금만 더 죽은 듯이 지내다가 새로운 제품을 발굴해 다시 사업을 일으켜보자고 재차 결심한다.

여기까지가 신생 스타트업 리얼소셜에 일어난 3개월간의 이야기다.

글라우브 이야기

3

글라우브는 '믿다'라는 뜻의 독일어 글라우벤(glauben)에서 회사 이름을 가져왔다. 누구나 믿고 사용할 수 있는 안전한 제품을 판매하겠다는 회사의 굳은 신념을 반영했다.

글라우브의 대표 안전환은 사실 처음부터 생활용품 커머스를 운영하려던 건 아니었다. 그는 어릴 적부터 아토피피부염을 겪어온 동생이 향수나 섬유탈취제를 사용하지 못하는 고통을 지켜보며 자랐다. 그래서 피부질환을 겪는 사람들을 돕고 싶다는 열망이 컸다. 그 열망이 그를 피부질환자도 안심하고 쓸 수 있는 생활용품을 판매하는 사업가로 이끌었다. 글라우브의 첫 판매 제품은 다섯 가지 향기별로 출시된 섬유탈취제였다.

안전환은 피부과 전문의와 피부질환 전문가를 수소문해 공동연구를 요청했고, 순한 성분의 제품에 다양한 향기를 담을 수 있는 방법을 찾으려 온갖 자료를 분석했다. 글라우브의 문제의식에 공감한 대학병원 교수는 투자자로 나섰으며 연구기관 출신의 전문가는 곧바로 제품 연구소장으로 합류했다.

아토피 환자도 쓸 수 있는 섬유탈취제가 출시된다는 소문을 들은 모 대기업에서는 벌써부터 회사 인수 의사를 적극적으로 보였다. 아직 매출도 없는 회사인데 대기업의 러브콜이라니. 안전환은 자극적인 홍보 마케팅으로 단번에 매출과 인지도를 올린 뒤 회사의 가치를 올려볼까 하는 유혹에 잠깐 흔들렸다. 하지만 제품 출시일이 다가올수록 그의 근심은 커져만 간다.

'글라우브는 섬유탈취제 판매 회사인가, 피부질환으로 고통받는 사람을 돕기 위한 회사인가?' 안전환은 자꾸만 스스로에게 질문을 던졌다. 그는 순간의 유혹에 오랜 꿈을 버리지 않기로 다짐했다. 글라우브는 섬유탈취제에 그치지 않고 피부질환자를 위한 종합 커머스로 나아가야 함을 머릿속에 새겼다.

안전, 신뢰, 인체 무해 성분을 내세운 섬유탈취제는 아기를 가진 부모, 아토피 환자, 민감성 피부를 가진 사람들의 시선을 끌기 시작했다. 자연스럽게 육아 커뮤니티나 피부질환 고민 커뮤니티 등에서 입소문을 탔고, 다양한 향기의 제품으로 구성된 선물용 세트도 판매량이 나날이 증가했다.

리얼소셜만큼 선풍적인 인기는 아니었지만, 시작치고 성공적이라는 의료계와 유통업계 평판이 들려왔다. 각종 언론사로부터 인터뷰 요청도 몰아쳤다. 안전환은 순식간에 쏟아지는 관심이 부담스러운 데다 성과를 말하고 다니기에는 아직

이르다고 판단했다. 대신 글라우브 사업을 잘 이해하고 있는 기자 두 명과 인터뷰하는 것으로 만족했다. 그는 인터뷰에서 창업 이유, 유해 화학성분 제품의 허위광고 문제, 피부질환자의 피해 사례 등을 강조했다.

그런데 예기치 못한 시련이 찾아왔다. 인터넷 커뮤니티에서 어느 대학생이 글을 썼는데, 글라우브 섬유탈취제의 다섯 가지 향기 제품 중 하나에 피부질환자에게 유해한 화학 성분이 포함되어 있다는 문제 제기였다. 이미 해당 제품을 사용 중인 고객들은 각종 커뮤니티에서 분노와 걱정을 표출하기 시작했다. 회사의 착한 가면을 비난하는 거센 여론이 만들어지기 시작한 것이다. 유튜브 채널을 운영하는 피부과 의사, 화학 성분 전문가 등도 해당 성분이 질환을 일으킨 적은 없지만 그렇다고 완전히 무해한 성분으로 검증되지 않았다는 내용의 영상과 글을 게재했다.

안전환은 손발이 파르르 떨리고 이성적인 판단이 가능하지 않을 정도로 당황하기 시작한다. 제품 개발을 도왔던 전문가에게 곧장 진위 여부를 확인했고, 유튜브 영상에 나온 분석이 틀리지 않았다는 사실을 깨달았다. 여전히 사무실에는 전화벨 소리가 울리고 있었다.

직원들은 "그냥 몰랐다고 말하면 안 돼요? 진짜 몰랐잖아요"라며 대응책을 제시했다. 머리를 쥐어뜯으며 울상을 짓는 직원들, 글라우브를 비난하는 인터넷 댓글 그리고 손에 쥔 섬유탈취제를 번갈아 보던 안전환은 빠르게 대응안을 마련해야겠다고 생각했다. 그는 사내 메신저로 스무 명의 직원 모두에게 회의실로 모여달라고 말했다.

— 여러분, 지금부터 제 의견에 동의하지 않는 분들은 바로 말씀해주셔도 좋습니다. 현재 논란은 우리가 생각지 못했던 것이 맞지요. 그래서 저도 많이 놀랐어요. 그런데, 한없이 부끄럽습니다. 지금 우리를 믿고 제품을 구매한 고객들이 어떤 심정일지 생각하면요. 그리고 이 고통을 함께 겪고 있는 직원 여러분께도 정말 죄송한 마음이에요. 죄송합니다. 일단 고객들에게 사죄부터 드리고, 여러분 한 명 한 명과 대화를 나누고 싶습니다.

우선 공식 사과문을 작성해 홈페이지에 빠르게 올립시다. 회사는 해당 제품을 구매한 모든 고객에게 환불 조치하고, 일주일 내로 논란이 된 성분의 심각성과 피부질환 발현 가능성을 면밀하게 조사해 투명하게 공개하기로 합시다. 그 결과에 합당한 모든 추가 보상도 함께 약속하고요. 이 일은 누군가에게는 평생의 상처로 남을 수도 있습니다. 고객들의 문의에 모두 진정 어린 사과를 드리고, 구체적인 보상 내용을 안내드리는 일부터 합시다. 기자들에게는 제가 직접 전화를 걸어서 똑같이 이야기할게요. 그리고 판매팀은 홈페이지에서 해당 제품 판매 창을 닫아주세요.

안전환 드림

직원들이 자리로 돌아간 회의실에서 스마트폰을 잡은 안전환은 또다시 주춤했다. 자신을 믿고 투자해준 투자자의 얼굴, 환불 조치로 막대해질 적자 금액이 머릿속에서 아른거렸기 때문이다. 그럼에도 이 방법이 유일한 정답이라 생각했고, 다시 용기를 냈다.

빠른 인정과 사과, 보상 약속에도 불구하고 분노에 찬 여론은 바로 수그러들지 않았다. 그런데 아주 천천히 상황이 달라지고 있었다. 해당 성분은 아기와 피부질환자가 사용해도 무방하다는 전문가 인터뷰가 하나둘 나오기 시작했다. 글라우브의 진정 어린 태도에 함께 용기를 낸 것이었다. 비난의 화살을 쏘아대던 고객과 언론도 사실보다 과장된 논란을 이성적으로 받아들이기 시작했고, 오히려 회사의 대응 방식에 박수를 보냈다. 신문에 '어느 신생 회사의 사과'라는 제목의 칼럼이 게재되기도 했다.

예상한 대로, 모든 조치를 취하고 나니 회사의 적자는 눈덩이처럼 커졌다. 재고를 모두 폐기 처분하는 데 가장 많은 비용이 들어갔다. 이 모든 게 자신의 책임이니 퇴사하겠다는 연구소장도 겨우 달랬다. 안전환은 대표에 대한 신뢰가 무너진 직원은 퇴사해도 말리지 않겠지만, 자신이 아닌 그 누구도 책임지지 않아도 된다고 딱 잘라 말했다.

쉽게 잠들지 못하는 밤들을 보내며 안전환은 사업을 시작할 때의 초심을 계속 떠올렸다. 모든 것을 잃는 한이 있어도 처음에 가졌던 문제의식과 목표를 절대 버리지 않겠다고 다짐했다. 그는 적자를 감수하고, 제품 연구에 투입되는 인력과 비용을 두 배 늘리기로 결정했다. 피부질환으로 고민하는 고객들의 목소리를 듣는 일은 자신이 직접 하기로 했다.

신기하게도 퇴사자는 없었고, 오히려 입사 지원서가 쌓여갔다. 글라우브가 역경을 헤쳐나가는 과정을 지켜보던 투자자는 수십억 원에 이르는 투자를 약속했고, 안전환의 대응 태도를 감명 깊게 기억한 기자는 이 이야기를 기사로 썼다. 기사에는 다음에 출시할 제품이 궁금하다는 댓글도 많이 달렸다.

완전히 회복하기에는 아직 갈 길이 멀지만, 글라우브의 진정성을 이해하는 사람들이 조금씩 많아진 것이다.

이것이 신생 스타트업 글라우브가 겪은 3개월간의 이야기다.

당장의 이익과 장기적 이익

4

리얼소셜과 글라우브, 두 회사의 차이점은 무엇일까? 한 곳은 광고 문구에 대한 논란이고, 다른 한 곳은 제품 성분에 대한 논란이니 비교하기 어렵다고 해야 할까? 나는 그렇게 생각하지 않는다. 반대의 경우였어도 두 회사의 대응 태도는 크게 다르지 않았을 것이다.

논란의 경중과 사안의 차이를 떠나서 두 회사는 스스로의 실수나 잘못을 받아들이는 태도가 달랐다. 자신의 회사가 사회에 끼치는 영향력을 대하는 마음가짐이 달랐다.

리얼소셜의 김사업은 매출 극대화만이 목표였다. 매출을 올릴 수 있다면 어떠한 자극적인 광고를 추진하는 데도 망설임이 없었다. 광고의 윤리성 논란이 벌어지는 와중에도 김사업은 고객의 눈과 귀를 가리면 '이 또한 지나가리라' 하며 안일하게 여겼다.

기업이 매출을 목표로 하는 건 지극히 자연스럽다. 문제는 매출이라는 사안에 갇혀 기업의 정체성에 대한 고민도, 책임도 등한시한 점이다. 핑계와 변명이 늘어갈수록 대중과 언론은 등을 돌린다. 결국 이들의 무책임하고 무방비한 대응은 단 하나뿐인 목표마저 무너뜨렸다.

글라우브의 안전환도 매출 극대화가 목표였다. 하지만 그에게는 적자를 감내하고서도 끝내 지켜야 할 원칙이 있었다. 그는 유혹과 위기의 순간마다 자문했다. 왜 이 회사를 창업했는지, 왜 이 제품을 판매하는지, 내 고객은 누구인지를.

그 원칙이 눈앞의 돈보다 먼저였다. 그리고 그는 자신의 생각이 직원들로부터 공감을 얻어내야 함께 좋은 제품을 만들 수 있다고 믿었다. 이것이 장기적으로 매출 극대화를 이루는 길임을 알고 있었다.

리얼소셜이 눈앞의 이익을 얻기 위해 더 큰 이익을 놓쳤다면, 글라우브는 당장의 손해를 감수하더라도 원칙을 지킴으로써 더 큰 이익을 지킬 수 있었다. 시간이 갈수록 분명한 원칙의 유무는 결과에서 큰 차이를 보여준다.

회사 어딘가에 자리 잡고 있는 사명선언문(미션과 비전)은 장식용이 아니라는 점을 잊지 말자.

핑계와 변명이 늘어갈수록 대중과 언론은 등을 돌린다.

CORPORATE BRANDING

브랜드 큐레이터

5

나에게는 캡처 습관이 있다. 업무 중에 재밌는 사내 메신저 대화나 새로운 소식을 발견할 때마다 하나씩 캡처하다 보니, 어느새 '사내문화', '인사이트' 등의 이름으로 분류한 폴더들이 만들어졌다. 외부에 알려도 좋을 정보들은 개인 소셜미디어에 바로 포스팅해서 우리가 일하는 분위기를 알리기도 한다. 이를테면 직원들이 만우절에 어떻게 서로 장난치는지, 재택근무 때 어떻게 회의하는지 같은 것들이다.

캡처 외에 재빨리 스마트폰을 꺼내 '사진 찍기' 기술도 있다. 순식간에 휘발되고 마는 회사 생활을 사진으로 남겨두고 싶은 마음 때문인데, 당장 쓰지 않아도 언젠가 필요한 순간에 활용하리라 여기며 회사 생활의 순간순간을 수집한다.

그리고 귀로 듣는 건 메모를 한다. 까먹지 않기 위해 눈앞에 보이는 종이나 아이패드에 즉시 기록하는데, 회사 밖에서 기자나 스타트업 관계자로부터 듣는 신기한 세상 소식부터 누군가를 만나고 돌아오는 길에 특이했던 그 사람의 이야기와 취향을 적어둔다. 훗날 그를 다시 만나게 되면, 메모를 꺼내 당시의 기억을 되새길 수 있는 것이다. 많은 사람을 만나는 직업이라면 머릿속에 모든 정보를 저장하기에는 벅찰 때가 많다.

한번 습관을 들이면 손부터 움직이게 된다. '이건 기록할 가치가 있나?', '이건 그다지 좋은 정보가 아니야' 같은 생각을 할 새도 없다. 그래서 내 모든 폴더와 노트에는 회사의 긍정적인 내용뿐 아니라 수많은 단점과 치부도 포함돼 있다.

최대한 모으고 핵심만 알린다

따라서 '날것'의 정보를 맥락 없이 알리기만 한다면 듣는 이로 하여금 피로도와 반감만 높인다. 그러니까 있는 그대로의 정보부터 최대한 모으고, 그중에서 취사선택하는 과정을 거쳐야 한다.

'최대한 모으고, 핵심만 추려서 알린다.' 이건 미술관 큐레이터를 떠올리게 한다. 큐레이터는 미술품을 수집해 모든 작품을 관리하는 책임자다. 훌륭한 작품을 찾는 데 많은 시간을 들이며 어떤 작품을 전시에 올릴지 분류하는 일도 그의 역할이다. 여기에 전시가 더 빛날 수 있도록 작품마다 스토리텔링을 더한다. 고객이 작품을 감상할 때 방해가 되는 요소들은 과감하게 없애기도 한다.

그들은 미술관의 철학과 전시 기획 주제를 각 작품과 세밀하게 연결하기 위해 큐레이션을 거친다. 당장은 아니라도 언젠가 전시할 생각으로 작품을 수집하는 것도 해당된다. 이렇게 미술관의 정체성에 따라 큐레이션 목록이 쌓이다 보면, 그것이 곧 미술관의 브랜드 색깔로 드러난다. 어떤 소음도 허용하지 않는 적막한 전시 분위기가 어울리는 미술관이 있는 반면, 배경음악이나 관람객의 대화 소리 같은 백색소음이 들리는 전시 분위기가 더 어울리는 미술관이 있을 것이다. 전시장 입구에 들어설 때부터 출구를 나올 때까지의 모든 순간에는 미술관에서 의도한 메시지가 담겨 있다.

회사는 고객이라는 관람객을 대상으로 매일 전시를 연다. 관람객은 전시를 보며 다음에도 보러 올 것인지, 앞으로는 관심을 두지 않을 것인지 결정한다. 때로는 말이나 글로 평가를 하며 다른 사람에게 추천하기도 한다. 그리하여 매번 줄을 길게 늘어서서 입장해야 하는 인기 전시가 있는가 하면 파리만 날리는 전시도 생긴다.

설레지 않으면 버려라

회의할 때 의사결정 주체가 누구인지, 대표는 어떤 순간에 주로 버럭! 하는지, 사무실 화분에 물을 주는 당번은 어떻게 정하는지, 회사 생활에 어려움을 겪는 동료를 어떻게 돕는지 등등 모든 것이 회사의 정체성을 보여주는 거울이다. 그렇다면 회사가 존재하는 모든 순간이 브랜딩 영감으로 채워져 있다고 해도 과언이 아니다.

일종의 브랜드 큐레이터인 우리는 모든 순간을 관찰하고 기록한 뒤, 브랜드 전략에 맞춰 고객에게 알려야 할 메시지를 선택하면 된다. 내가 습관처럼 모아온 캡처, 사진, 메모 중 세상에 드러내는 것은 100개 중 한 개 정도다. 애써 모은 정보를 버리는 걸 아까워하지 않아도 된다. 다만 과감하게 '이것은 버려도 된다'는 판단을 하려면, 확실한 기준을 정하면 좋을 것 같다. 기준은 크게 두 가지로 잡아볼 수 있다.

첫째는 '이 정보는 반복적으로 발생하는가?'다. 아무리 훌륭한 행동이어도 일시적으로 반짝이다가 휘발된다면 우리 고유의 것이라 말할 수 없다. 예를 들어 퇴사자에게 동료들이 감사와 존중의 마음을 담은 롤링페이퍼를 적어주었다고 해보

자. 만약 다음 퇴사자에게는 적용되지 않았다면, 일시적인 따뜻한 행동에 그치고 만다. 그러나 모든 퇴사자에게 롤링페이퍼 선물을 전해준다면, 그것은 점점 퇴사문화로 자리 잡는다. 회사가 입사자뿐 아니라 퇴사자에게 감사를 표하는 철학을 보여주는 사례가 될 것이다.

둘째는 '고객에게 어떤 가치를 주는 정보인가?'다. 퇴사자에게 롤링페이퍼를 선물하는 문화에는 어떤 의미가 있을까? 무엇보다 잠재 입사자로 하여금 회사의 조직문화를 간접적으로 느끼도록 돕는 기회가 될 수 있을 것이다. 그런데 이 롤링페이퍼 내용이 매번 똑같이 '복사+붙여넣기'한 것이라면, 사람들은 이것이 그저 보여주기식 문화에 불과하다는 걸 알아차릴 것이다.

미니멀 라이프 인테리어는 잡동사니를 버리지 못하는 맥시멀 라이프 인테리어에 회의를 느낀 사람들이 새롭게 시도하는 문화로 자리를 잡았다. 하지만 필요한 물건까지 전부 버린다는 개념은 아닐 것이다. 어떤 물건이 나에게 필요한지, 어떤 물건은 버려도 되는지, 어떻게 정리 정돈을 할지 고민해야 한다. 그래서 채우기보다 비우기가 더 어렵다.

정리 정돈의 대가 곤도 마리에(近藤麻理恵)는 "설레지 않으

면 버려라!"라고 외치는데, 이를 브랜딩 영감을 고르는 일에
도 적용해보자. 회사 주변의 공기에 떠도는 영감을 수집 · 기
록하는 습관부터 들이고 난 뒤, 과연 어떤 것들이 직원과 고객
을 설레게 할지 한번 골라보는 것이다.

그렇다면 회사가 존재하는 모든 순간이
브랜딩 영감으로 채워져 있다고 해도 과언이 아니다.

데이터의 족적:
관찰과 기록, 그리고 스토리

하나의 서비스가 운영되는 동안 새롭게 쌓이는 데이터의 양은 하루에도 엄청나다. 서비스 가입자 수, 콘텐츠 클릭률, 매출 증가 추이 등이 대표적이다. 중요한 데이터들은 서비스를 개선하는 기초 자료로 활용되거나 매출 증가에 결정적 영향을 끼친 요인을 파악하는 수단으로 쓰인다. 여기서 값진 데이터가 쌓이면 인공지능, 빅데이터 기술을 만나 새로운 비즈니스 모델로 탄생하기도 한다.

그래서 사내 전문가가 다양한 데이터를 들여다보고, 분류하고, 관리하는 작업이 필수다. 하지만 데이터는 브랜딩에서 가장 많이 휘발되는 영감 중 하나다. 매출과 직결되지 않는다면, 아무래도 데이터를 모두 챙겨 볼 필요성을 느끼기가 쉽지 않다. 이를테면 직원 수, 기업가치, 투자유치액처럼 지금 당장은 고객에게 직접 영향을 주지 않아 보이는 데이터들이다. 일일이 챙기기 쉽지 않은 이 데이터들은 사실, 기업 브랜딩에 쓸모가 많다.

기업 브랜딩에 데이터를 적용하는 일은, 부지런히 데이터를 기록하고 정제하는 노력만 한다면 특별한 전문성이 필요하지 않다. 누구든지 할 수 있는 일이다. 지금부터 내가 회사 데이터를 모으고 큐레이션하는 방법들을 소개한다. 아마 '이 정도면 나도 하겠는데' 하는 생각이 절로 들 것이다.

관찰과 기록

숫자의 늪에 들어가기 전에 어떤 것을 볼지 미리 정해놓지 않으면 금세 길을 잃게 된다. 본격적인 관찰에 앞서 명확한 기준을 세워야 한다. 가령 서비스 사용자 데이터를 기록할 때 3개월 전에는 탈퇴한 사용자를 포함해서 계산하다가 이제는 제외하고 계산하면 안 된다. 측정 기준이 일관돼야 데이터의 쓸모를 높일 수 있다.

우리가 관찰하고 기록할 데이터가 서비스 성장, 회사 성장, 조직문화와 관련된 데이터라고 해보자. 비즈니스 성장을 보여주는 서비스 데이터는 사업 영역의 특성에 따라 주요 데이터가 달라진다. 콘텐츠와 사용자를 연결하는 플랫폼 서비스라면 '연결' 숫자가, 상품 판매가 이루어지는 커머스라면 '거래' 숫자가 중요하다.

회사 성장 데이터로는 매달 직원 수, 입사 지원자 등이 있으며, 시기별 조직 성장세를 가늠해볼 수 있다.

소소한 조직문화에서도 좋은 데이터를 찾을 수 있다. 내가 캡처와 사진 찍기로 기업 브랜딩에 쓰일 온갖 영감을 모으는 것처럼, 별도로 기록해보는 것이다. 현재 회사의 슬랙(slack) 메신저에는 '칭찬은 우리를 춤추게 만든다'라는 채널이 있다. 동료에게 고마운 일이 있으면 누구든지 이 채널에서 그 동료를 태그해 칭찬하면 된다. "매일 사무실 화분에 물을 주는 윌리를 칭찬합니다!" 처음에는 칭찬 수가 적었는데, 시간이 갈수록 동료들을 칭찬하는 글이 꾸준히 올라오고 있다. 쌓여가는 칭찬 글의 숫자는 어느새 회사에 칭찬이라는 문화가 자리 잡았음을 알려주는 데이터가 될 수 있다.

그렇다면 어디에 어떻게 기록할까? 나는 주로 구글 엑셀 시트를 이용한다. 나중에 간단한 수식으로 계산하기에도 편하고, 성장률이나 증가 추이를 그래프화하기에도 용이하다. 무엇보다 사내에 엑셀 링크를 공유해서 다 함께 보면, 누군가 필요한 순간에 나에게 묻지 않고도 곧바로 링크를 열어서 확인할 수 있다. 단, 이 많은 데이터 중에서 보통 대외비라고 부르는, 어떤 정보가 회사 밖으로 나가면 안 되는지 따로 표기해둬야만 이후 난감한 문제가 생기지 않는다.

숫자를 브랜드 스토리로

숫자를 브랜드 스토리로 만드는 작업이다. 구슬이 서 말이라도 꿰어야 보배라고, 부지런히 모은 데이터는 조금만 손보면 훌륭한 홍보자료가 될 수 있다. 예를 들어 직원 수 증가는 고용 창출이라는 가치를 담은 메시지가 되고, 낮은 퇴사율은 직원 만족도가 높은 회사라는 메시지로 전달할 수 있다.

평소에 나는 인포그래픽을 굉장히 많이 활용한다. 기사나 블로그 글에 포함된 숫자들은 강렬한 시각적 인상을 남기기에는 부족하다. 의미 있는 데이터를 군더더기 없이 강조하는 방법으로는 시각화만큼 효과적인 방법도 없다. 인포그래픽 자료 하나를 만들어두면 보도자료, IR자료, 블로그, 소셜미디어 등 다양한 곳에 활용하기도 좋다.

인포그래픽을 다루는 데 전문적인 디자인 기술이 필요하지 않을까 느낄 수 있지만 꼭 그렇지는 않다. 그보다는 그 숫자가 어떤 의미를 지니고 있는지 찾아내는 것이 더 중요하다. 그 의미를 토대로 하나의 이야기를 만드는 것이다.

데이터에 이야기를 입히는 작업을 마쳤다면, 최대한 쉽고 명쾌하게 이해할 수 있도록 만든다. 메시지를 인포그래픽화

하는 것이 화려한 일러스트를 의미하는 것은 아니다. 부가적인 일러스트 요소들이 인포그래픽에서 강조하고자 하는 메시지를 혼동시킬 수도 있다. 전하고자 하는 메시지의 의도를 잊지 않는 것이 가장 중요하다.

인포그래픽에서 데이터를 표현하는 대표적인 방법으로는 비유, 성장률 비교, 그래프 만들기, 순위 매기기, 연혁 그리기 등이 있는데, 가장 적합한 표현 방법을 취하면 된다. 가령 1년 동안의 서비스 성장을 알리는 인포그래픽 자료를 만든다면, 그래프나 연혁 표를 활용하면 좋다.

가장 쉽고 재밌는 표현법은 비유다. 특히 비유는 사내에서 직원들끼리만 쓰는 단어를 쉽고 명쾌한 언어로 바꿔 전달할 수 있는 장점이 있다. 부모님이나 10대에게 회사의 서비스 성장을 이해시킨다고 해보자. 그들에게 '간편 결제', '재구매율', '전자송금' 같은 딱딱한 표현은 다소 어렵게 느껴질 것이다. 그래서 비유는 대다수 사람의 눈높이에 맞춘 가장 친숙한 표현을 찾는 간단한 수단이다. 처음부터 비유로 표현하기 어렵다면, 다른 회사에서 배포하는 인포그래픽 중 쉽게 이해되는 사례 몇 가지를 살펴보라. 점점 감을 잡을 수 있을 것이다. 통계청, 여론조사기관 같은 전문 데이터 기관의 보고서나 발표

자료를 참고해도 좋다.

5년 전 배달의민족은 누적 치킨 배달량이 5,500만 건이라고 발표했는데, 사실 얼마만큼의 양인지 가늠하기 어렵다. 그래서 그들은 '치킨 상자 5,500만 개를 포개어 쌓으면, 한라산을 2,000번 등정한 높이와 같다'는 비유를 사용했다. 이 밖에도 여성 고객이 많다면 '여성 고객 200만 명, 즉 대한민국 20대 여성 세 명 중 두 명이 사용한 서비스'라는 비유를 할 수 있고, 모바일 송금 서비스의 가치를 '지구 한 바퀴를 두를 만큼의 A4 종이 절약'이라는 환경적 차원의 의미를 담아 표현할 수도 있다.

이처럼 데이터를 기록하고 인포그래픽을 만드는 데는 대단한 전문성이 필요하지 않다. 사소한 숫자도 브랜딩이라는 렌즈로 바라보고, 브랜딩을 표현할 수 있는 가장 적합한 방법을 찾아내는 것이 중요하다. 숫자는 거짓말을 하지 않고, 숫자에 메시지를 더하면 하나의 이야기가 된다. 지금 이 순간에도 아깝게 흘려보내고 있는 데이터는 없는지 두 눈을 크게 떠보자.

도도 포인트 이용자
1000만 명 돌파!

1,000만명
돌파
2016.11

한국정보신
(KICC) 제휴
2016.08

750원

도도 애드
출시
2016.09

일본 진출
2015.05

카카오톡
옐로아이디 제휴
2014.09

500원

도도 메시지
출시
2015.11

도도 포인트
출시
2012.04

100원

dodo point

초기투자 전문 VC
카카오벤처스
2018 투자 기록들

337 억원
2018 투자 금액

1,350억원
누적 투자
*Since 2012

43 곳
2018 투자 스타트업
*후속 투자 포함

AR Blockchain
새로운 투자 산업군
연도 시장 진출 口
국내 팀에 신규 투자

140+
패밀리 숫자 *포트폴리오

분야별 비율
50% 모바일·서비스
27% 연평기술
22% 게임

경력 소식

케이큐브벤처스에서
카카오벤처스로
사명 변경

정신아 대표,
김기준 부사장
선임

정욱 넵튠 대표,
게임 제인저로
밸류업파트너 합류

kakaoventures

도도 포인트와 카카오벤처스에서 작업한 인포그래픽들. 디자이너가 없던 카카오벤처스에서는 서툴지만 직접 일러스트레이터 프로그램으로 제작했다. 인포그래픽을 만드는 목적은 화려한 디자인 뽐내기가 아니라 '내가 가장 중요하다고 여기는 정보'의 이해를 돕기 위함이라는 사실을 놓치지 않으려 애썼다.

사람 자산 만들기

7

노트북을 붙들고 글 쓰고 전략을 짜는 일도 중요하지만, 사람들에게 회사를 알리려면 직접 밖으로 나가서 그들을 만나보기도 해야 한다. 사람들이 요즘 우리 회사를 어떻게 인지하고 있는지, 내가 모르는 안 좋은 평판이 떠돌고 있지는 않은지 제대로 알고서 일을 해야 하니까 말이다.

까일 걱정은 잠시 넣어두자

대표와 함께 IT 콘퍼런스, 간담회 등 외부 행사를 참석할 때가 많은데, 대표가 누군가와 이야기를 하는 동안 나는 행사장을 한 바퀴 빙 돌며 몇십 장의 새로운 명함을 받아온다. 아는 사람이 있으면 반갑게 인사를 하며 근황을 공유하고, 새로운 얼굴이 보이면 첫인사를 나눈다. 행사가 끝나면 명함으로 가득한 내 손을 보며 대표는 신기해한다. 나는 그저 "이런 곳에 오면 원래 이렇게 해야 하는 거다"라고 대답한다.

한 명에게라도 더 회사를 소개하고 싶은 직업병이기도 하다. 회사를 알리는 일에 있어서 '네트워킹'이라고 하는 비즈니스 관계 쌓기는 장기적으로 효과를 볼 수 있는 가장 좋은 수단이다.

그런데 네트워킹을 많이 하는 사람은, 일은 안 하고 놀기만 한다는 아니꼬운 시선을 받기도 한다. 노트북 앞에서 문서나 숫자를 분석하는 일만 중요한 일로 바라보고, 행사장 등지에서 사람들과 이야기 나누는 일은 노는 것으로 본다. 하지만 회사의 얼굴로 나간 자리에서 네트워킹에 나서는 일도 적지 않은 정신적·물리적 체력을 요구한다. 무엇보다 비즈니스에서 사람이라는 자산은 돈으로 살 수 없는 소중한 자산이다.

지금은 업계에 아는 사람도 많고 처음 보는 사람에게 말 거는 것도 편하지만, 처음 스타트업 업계에 입문했을 때는 회사를 알리고 싶어도 알릴 수 있는 창구를 하나도 몰랐다. 주변에 그 흔한 스타트업 다니는 친구 한 명이 없었다. 별 수 있나. 직접 찾으러 다니는 수밖에.

가장 먼저 문을 두드린 곳은 배달의민족이었다. 기자에게 홍보 담당자 연락처를 받아 대뜸 연락했다. 배달의민족도 홍보 담당자가 한 명이던 시절이었기에 어떻게 이렇게 작은 회사가 성공적인 홍보와 브랜딩을 하고 있는지 궁금했다. 당시 홍보 담당자는 이 어리바리한 신출내기를 귀찮아하지 않고 감사하게도 회사 구석구석을 친절하게 소개해주었다. 요즘 내게 대뜸 연락해 만나고 싶다는 홍보 담당자들을 보면 그때의 간절했던 내 모습이 겹쳐 보인다. 한 가지 조언하자면, 무언가를 배우고 싶다고 자신을 찾아온 사람을 문전 박대하는 경우는 없다. 일단 두드려보자.

뻔뻔하고 꾸준하게

스타트업에 입문한 첫 2~3년 동안은 한국의 거의 모든 IT 콘퍼런스에 참석했던 것 같다. IT 업계의 주요 인사들을 한자리에서 만날 수 있는 기회의 장이었으니까. 그렇게 혼자 '매주 의미 있게 명함 10장 쓰기' 프로젝트를 실천했다. 명함을 전한 100명 중 10명은 업계 인사이트를 주고 받을 수 있는 친밀한 관계로 발전시키는 것을 목표로 했다.

거대한 행사장에서 혼자 명함을 건네며 회사를 소개하는 것은 굉장한 뻔뻔함이 필요한데, 나만의 팁이 있다. 일단 행사장 입구에 들어서면 아는 사람들끼리 네다섯 명씩 무리지어 이야기를 나누고 있다. 그중 네트워크가 가장 활발해 보이는 사람에게 다가가서 대뜸 "제가 스타트업에 온 지 얼마 안 됐는데, 혹시 여기서 제가 만나면 좋을 분들을 소개해줄 수 있나요?"라고 인사를 한다. 그때만 해도 다니던 회사의 서비스 '도도 포인트'는 인지도가 낮았기에, 내가 믿을 건 뻔뻔한 낯짝과 잘도 뛰어다니는 두 다리뿐이었다. 그렇게 다른 사람을 소개받고, 그 사람이 또 다른 사람을 소개하며 조금씩 IT 업계에 연결돼 있는 기자, 대표, 투자자, 홍보 담당자들을 알아가게 됐다. 지금까지 적어도 10%는 긴밀하게 협업하거나 마음을 터놓는 친구가 됐으니, 네트워킹 꼬꼬마가 벌였던 프로젝트는 성공적이라 봐도 되겠다.

결국 발로 뛰면서 현장을 느끼고 사람들을 마주하다 보면 강력한 나만의 무기가 생긴다. 네트워킹이 업무에 도움이 안 된다고 비웃으며 컴퓨터 앞에서만 방법론을 늘어놓는 '키보드 워리어'들은 얻지 못하는 무기다.

〈아웃스탠딩〉이라는 스타트업 미디어가 있다. 참신한 기사 형식으로 창간하자마자 선풍적인 인기를 끌었는데, 나 역시 〈아웃스탠딩〉에 도도 포인트를 소개하고 싶어서 수도 없이 이메일을 보내고 회사의 매력을 어필했다. 대표의 인터뷰 기사가 나오긴 했지만 더욱 다양한 협업을 해보고자 문을 두드렸다. 묵묵부답의 반응이 대부분이었지만 말이다.

워낙 좋아하는 미디어인지라 투자사에 다닐 때도 여러 스타트업 대표를 인터뷰나 강연자로 추천하고, 인터뷰가 진행될 때도 빠지지 않고 참석해서 매끄러운 진행을 도왔다. 그렇게 오랜 시간이 지나, 강남언니에 와서는 대표뿐 아니라 나와 다른 직원도 〈아웃스탠딩〉 인터뷰 기회를 빠르게 얻게 됐다. 뿐만 아니라 그토록 바랐던 다양한 기획기사 협업도 했다. 이제는 내 이름으로 〈아웃스탠딩〉에 정기적으로 기고까지 하게 됐다.

긴 말을 늘어놓았지만, 사람 자산 만들기도 '꾸준한 게 장땡'이다. 다른 샛길은 없다고 생각한다. 그러니 일희일비하지 말자. 카카오의 계열사에 다니다가 강남언니로 이직하니 친했던 기자들이 연락을 무시하는 일이 생기기도 했지만, 개의치 않고 꾸준하게 회사 소식을 알렸더니 이제는 먼저 연락이 온다. 꾸준함은 회사 이름을 떡하니 이마에 붙이고 다니는 대표와 담당자들이 갖춰야 할 필수 덕목이다.

스쿠터 타고 면접 온 대표

아직도 나를 스타트업 세계로 이끈 그날의 기억이 생생하다.

"작은 IT 회사가 있는데 홍보 담당자를 채용한대. 어차피 검색해도
안 나오는 회사라 네가 모를 텐데, 일단 대표가 꽤 괜찮아."

첫 직장을 다니던 때였다. 오랫동안 친하게 지내던 기자 한 명이 이
직 제안을 했다. 1년 남짓의 경력으론 어딜 가도 명함도 못 내밀 터
라 이직이 가능할까 싶었다. 하지만 검색해도 안 나오는 회사라면
엄청 잘나가는 회사는 아닐 테니 불합격해도 크게 미련이 없을 것
같았다. 가볍게 면접이나 한번 보자는 생각이 들었다.

면접을 보기 위해 처음으로 휴가를 냈다. 무릎 위로 올라오는 치마
를 허락하지 않는 회사였기에, 평소 출근 복장으로도 면접 장소에
가기에 충분했다. 쪽 찐 머리를 하고서 분홍색 치마와 하얀 블라우

스, 그리고 면접의 상징인 5센티미터 굽의 까만 구두까지 장착했다. 살짝 긴장한 채 사무실에 들어섰는데, 예상과 다른 분위기에 더 당황했다. 내 또래의 젊은 사람들이 책상 사이의 파티션도 없는 작은 사무실에 옹기종기 모여 앉아 있는 모습이 낯설었다. 당시 내 상식이었던 부장, 차장, 과장, 대리, 사원 순서로 안쪽의 넓은 책상을 차지하는 자리 배치가 아니었다. 한국 회사라면 응당 그런 줄 알았던 나는 문화충격을 받았다.

당황한 기색을 들키지 않으려 표정 관리를 하는데, 출입문 가까이에 앉은 직원이 냅다 소리를 질렀다. "리처드!" 그러자 가죽 재킷에 통 넓은 청바지를 입은 덩치 큰 남자가 일어서서 성큼성큼 다가오더니, 자신이 대표라고 소개했다. 대표는 내 이력서와 포트폴리오를 쓱 훑더니, 몇 초 지나지 않아 바로 뒤집어 책상에 올려놓았다. 자료는 나중에 살펴보겠다며 몇 가지 일하는 태도에 대한 질문만 던지고는 면접이 끝났다. 망했다는 것을 직감했다.

그런데 며칠 뒤, 어찌된 일인지 다른 공동대표도 만나보자는 연락이 왔다. 황당한 면접 방식과 사무실 자리 배치 때문에 아무래도 찝찝하던 차였고, 인터넷에 검색해도 안 나오는 곳인데 또 상사 눈치를 보며 휴가를 쓰기에는 무리라고 판단했다. '굳이 또 만날 필요가 있을까' 싶어서 더 이상 휴가 내기가 곤란하다고 적당히 둘러댔는데 상상치 못한 답변이 돌아왔다. "우리가 회사 앞으로 갈게요. 잠시 시간 낼 수 있어요?"

이상한 기분은 몇 배로 증폭됐다. 면접이라고는 몇몇 대기업과 방송사 그리고 당시 다니던 회사에서의 경험이 전부였기에, 이렇게 면접을 제멋대로 진행하는 회사는 처음이었던 것이다. '내가 갔으면 갔지, 왜 내가 다니는 회사로 온다는 거지?' 묘하게도 거부감이 아닌 호기심이 발동했고, 곧장 점심 약속을 잡았다.

11월이니 꽤 추운 날이었다. 회사가 위치한 방배동의 높은 언덕에 서서 바들바들 떨며 공동대표라는 사람이 오기를 기다렸다. 그런데 헛것을 봤다고 착각할 정도로 기괴한 광경이 눈앞으로 다가왔다. 멋들어진다고 하기엔 민망한, 탈탈탈 소리가 나는 자그마한 스쿠터에서 한 남자가 내리더니 빨간 페인트가 칠해진 목장갑을 벗었다(정말로 목장갑이었다!). 그는 본인을 공동대표 그랜트라고 소개하며 반갑게 악수를 청했다.

미국에서 오래 살다 온 그랜트의 한국어 실력은 이제는 일취월장했지만 그때는 무척 어눌했다. 우리는 근처 일식집에서 초밥과 우동을 먹으며 서로의 관심사와 회사 생활을 주제로 수다를 떨었다. 면접은 첫인상을 나누는 자리이기에 소개팅에 비유되곤 하는데, 정말로 소개팅 분위기와 비슷했다. 아쉽게도 믹스커피를 만들러 갈 시간이 다가왔고, 쿨하게 스쿠터를 타고 떠나는 그랜트의 뒷모습을 꽤 오랫동안 멍하니 바라보았다.

이후 리처드와 여러 차례 만났다. 그는 차근차근 대화의 깊이와 범위를 넓혀가며 회사가 어떤 미래를 그리고 있는지 설명해주었다. 대화가 쌓일수록 그 회사의 분위기와 지향점을 구체적으로 머릿속에 그릴 수 있었다. 그는 입사하기 전에 읽어보면 좋을 거라며, 글로벌 IT 기업과 스타트업 업계 뉴스를 주로 다루는 미디어 목록을 노트에 적어주기도 했다.

물론 이제는 자리 배치와 면접 장소 따위는 입사를 고려할 때 전혀 중요한 요소가 아니라는 점을 잘 안다. 하지만 당시 위계가 강한 수직적 조직문화가 세상의 전부인 줄 알았던 내가 스타트업 문화를 충격으로 받아들이는 건 이상한 일이 아니었다. '지금 내가 면접을 보고 있긴 한 건가?'라는 내 속마음이 티가 나서, 아마도 리처드는 천천히 단계별로 이해도를 높여주는 배려를 했던 것 같다.

첫 출근을 한 날 아침, 리처드가 자신의 텀블러를 화장실에서 씻어오는데 나도 모르게 엉덩이가 들썩였다. 순간 더 이상 다른 사람의 커피를 타거나 설거지를 하지 않아도 된다는 것을 깨달았다. 처음으로 출근한 날의 가장 큰 깨달음이었다.

스타트업 세계는 그야말로 하루하루가 새로움의 연속이었다. 내가 느낀 스타트업의 문화와 매력을 더 널리 세상에 알리고 싶은 마음이 걷잡을 수 없이 커져만 갔다. 일주일의 7일을 밤새 동료들과 술을 마셔도 흥미진진한 회사 이야기로 가득했다. 스타트업으로의 이직 선택은 대성공, 아니 그 이상이었다.

그렇게 리처드와는 내 최고의 협업 파트너로 지냈고, 이제는 서로 다른 회사에서 성장을 응원하는 친구가 됐다. 우리가 종종 만나면 옛 추억을 떠올리는 민망한 대화가 하나 있다. 때는 카페에서의 몇 차례 만남 뒤 입사 계약서에 사인하는 날이었고, 리처드는 이렇게 말했다.

"저는 조은 님이 스타트업 홍보계의 여왕까지는 못 되더라도 공주 수준으로는 성장했으면 좋겠어요. 이왕 이직하시는 거, 하고 싶은 거 마음껏 같이 잘해봐요."

지금 생각해도 오글거리는 말이다. 리처드는 "아직 공주 안 되었냐"며 놀리지만, 당시 나는 자못 진지하게 고개를 끄덕였다.

나의 스타트업 입문기를 외부 콘퍼런스에서 발표한 적이 있다. 신입 사원이 느낀 충격과 도전이 기사로 게재되기도 했다(궁금하다면 '스쿠터 타고 면접 온 대표님'을 검색해보시길). 이 이직 스토리는 내가 스타트업 세계를 사랑하게 된 계기였고, 미래를 향한 선택에 겁내지 말고 부딪히자는 삶의 모토까지 만들어주었다.

역사 깊은 회사에서 신생 스타트업으로, 다음은 스타트업 전문 투자사로, 지금은 의료시장에 뛰어든 스타트업에 도착해 있다. 회사를 옮길 때마다 스스로 질문을 던진다. '과연 이곳은 나를 설레게 하는가?' 그 답이 '예스'로 나온다면 절대 망설이지 않는다.

IDENTITY

CULTURE

PUBLIC RELATIONS

GOVERNMENT RELATIONS

PRINCIPLE

DATA STORYTELLING

STRATEGY

COLLABORATION

RESPONSIBILITY

RISK MANAGEMENT

OBSERVATION

INFLUENCE

FUTURE

그 회사의
사람

문제와 해결책 모두 우리 안에 있다

3장

조직문화는 작은 곳에서부터 1: 오늘의 뉴스

1

2014년 스타트업 스포카(매장 태블릿 기반 포인트 적립 서비스 '도도 포인트'의 운영사)로 이직했을 때, 대표인 리처드는 내게 무슨 일부터 하고 싶은지 물었다. 망설임 없이 "뉴스 클리핑을 할까요?"라고 했다. 대학생 때 방송사 취업을 준비할 적부터 매일 종이신문을 처음부터 끝까지 읽는 연습을 해왔고, 이전 직장에서도 비슷한 업무를 해봤기 때문이다. 익숙한 일일뿐더러 쉬운 일 같으니 덜컥 하겠다고 외쳤다. 그렇게 나는 입사해서 퇴사하는 날까지, 하루도 빼먹지 않고 전 직원의 이메일로 뉴스 클리핑을 보냈다.

그저 업계 뉴스를 몇 개 추려서 보내면 되지 않을까 여겼건만, 결코 쉬운 일이 아니었다. 매일 90명의 동료에게 이메일을 보내는 작업은 시간이 갈수록 더 큰 책임감을 요구했다. 전 직원이 내가 보낸 뉴스들을 읽고, 생각하고, 업무에 반영하고 있었으니까 말이다.

내가 뉴스를 읽는 데 게을러지면 직원 모두에게 게으름이 전염됐다. 바빠서 하루 종일 잊고 있다가 늦은 밤에 보내기도 했는데, 동료들은 타박 한 번 없이 기다려주었다. 내가 부지런해지면 직원들도 더 열심히 뉴스를 읽게 될 테니 늦어도 매일 오전 11시까지는 IT 업계 뉴스를 다섯 개씩 간추려 이메일을 보내겠다는 규칙을 세우고 습관으로 만들었다.

그러다 보니 수십 명이 함께 달리는 마라톤의 페이스메이커가 된 느낌이었다. 뉴스를 무조건 읽어야 한다는 강요를 해서는 절대로 안 됐다. 어차피 안 읽을 사람은 어떻게 해도 안 읽는 법. 자발적으로 읽게 하는 게 중요하다. 잘하는 사람은 뒤에서 밀어주고, 뒤처지는 사람은 앞에서 끌어주되, 관심이 없는 사람에게는 강요하지 않는 정도로만. 뉴스 클리핑 업무에도 나름의 리더십이 필요했다.

정말로 직원들은 매일 자신의 일과 시간에 맞춰 오늘의 뉴스를 읽었다. 직원 자리를 지나갈 때 그의 모니터를 기웃거리거나, "그 기사 재밌게 읽었다"라며 종종 전해주는 답장을 통해 알 수 있었다. 누구는 매일 오전 컴퓨터를 켜자마자, 누구는 점심시간에 휴식을 취하며, 누구는 퇴근시간 전에, 누구는 퇴근 후 지하철에서 이메일을 확인했다. 각자의 뉴스 읽는 습관을 깨뜨리고 싶지 않았기에, 발송 시간을 지키려 노력했다. 어느덧 보낸메일함에 뉴스 클리핑이 제법 쌓여갈 즈음 기대 이상의 것들을 깨달았다.

보낸이: 황조은
받는이: All

안녕하세요. 죠앤입니다.
2월 21일 뉴스클리핑입니다.

1. 업계 동향
1) 카카오페이, 자회사로 '분사'… 중국 알리페이 2,300억 원 투자(뉴스1)
2) 웹툰, 웹소설 이용자 791만 명… 대세 '스낵컬처' 콘텐츠로 등극(아시아경제)
3) 쿠팡, 핀터레스트 출신 후이 쉬 부사장 영입(조선비즈)

당시 실제로 보낸 뉴스 클리핑 메일. 매일 같은 시각에 양질의 기사로 채우려
애썼다. 적어도 한두 명쯤은 기사를 통해 보람찬 하루를 보내기를 바라는 마음
이었다.

조직문화란 곧 습관이다

뉴스 클리핑은 누구나 할 수 있는 쉬운 일이지만 매일 꾸준히 해야 하는 번거로운 일이다. 구글 캘린더에는 매일 오전 10시부터 11시까지를 'News'라는 루틴 업무로 설정해놓을 정도였다. 오늘의 뉴스 TOP 5에 포함하기엔 애매하지만 좋은 기사라면 사내 메신저에 공유하기도 했다. 반대로 도저히 읽을거리를 발견하지 못한 날에는 페이스북을 열어 뉴스피드를 쭉 살폈다. 스타트업 관계자나 기자를 중심으로 교류를 맺고 있었기에, 그들이 올린 내용만 봐도 당일 업계의 화제를 쉽게 파악할 수 있었다.

제한 시간 1시간이라는 나만의 데드라인과 '전 직원이 읽는 이메일'이라는 책임감은 최고의 집중과 효율을 이끌어내기에 충분했다. 덕분에 나도 게으름 부릴 틈 없이 열심히 세상 공부를 했는데, 하루에 1시간이니 1년이면 뉴스 읽기에 약 15일을 쓴 셈이다.

어느 날 옆자리 직원에게 뉴스 클리핑을 열람하는 습관이 생겼다면, 그도 최소 하루 5분은 세상 돌아가는 이야기에 몰두하고 있는 셈이다. 100명이 본다면 총 500분이다. 그 시간을 무의미하게 낭비하는 시간으로 만들지 않는 것. 페이스메이커로서의 내 역할이었다.

사소해 보이는 일이어도 동참하는 동료가 많아지면 그들의 습관이 된다. 이 습관이 회사의 일상으로 자리 잡으면, 비로소 우리는 그것을 조직문화라고 말하는 것 아닐까?

물론, IT 업계에서 경력을 많이 쌓은 직원은 내 뉴스 클리핑이 크게 도움이 되지 않았을 수도 있다. 그들은 정보 습득이 나보다 훨씬 빠르고 정보를 얻는 창구도 다양했을 테고, 무엇보다 새파란 주니어에 불과했던 내가 업계 현황을 보는 시야는 훨씬 좁았을 것이다.

하지만 스타트업이 첫 직장인 신입 직원은 조금 다를 수 있다. 지금은 시사, 경제부터 마케팅 트렌드까지 각종 뉴스레터 서비스가 많아졌지만 당시만 해도 뉴스 클리핑 서비스는 희소했기에 큰 도움이 됐다. 그들의 회사 생활 고충을 조금이나마 해소시키려 조직문화에 대한 기사도 종종 포함시키곤 했으니 더욱 그렇지 않았을까.

다만 작은 위험성이 있었다. 뉴스에 내 취향과 관심사가 지나치게 반영되는 경우다. 어떤 주제를 얼마나 빈번하게 보여주느냐에 따라 독자가 체감하는 트렌드도 달라지기 때문에,

꼼꼼한 팩트 체크는 물론이고 균형 잡힌 시각이 중요했다. 실제로 2015년 9월경 페이스북에 '싫어요' 버튼이 나온다는 외신 번역 기사를 선택했는데 알고 보니 오보였다. 내 뉴스 클리핑을 보고 개인 SNS에 "페이스북에 '싫어요' 버튼이 나온대"라고 쓴 동료를 보고, 미안함과 책임감을 동시에 느꼈다.

"매일 뉴스 보내주시는 분이죠? 잘 보고 있어요." 신규 입사자와 마주치면 꼭 듣는 말이었다. 나는 '매일 아침 뉴스를 전해주는 직원'으로 통했다. 작은 스타트업의 홍보나 브랜딩 업무는 1인 팀이 맡을 때가 많고, 회사에서 그 일을 이해하는 사람도 드물다. 당시에 내가 이 고민을 해결하려 했던 여러 방법 중 하나가 바로 뉴스 클리핑이었다.

특히 우리 회사 기사가 나온 날이면 이메일 제목을 더 돋보이게 적었다. 제목 첫머리에 ★ 표시처럼 강조를 하면 평소에 뉴스 클리핑을 잘 읽지 않는 직원까지도 꼭 클릭하게 만드는 효과가 있었다. 이렇게 직원들은 자연스럽게 내가 하는 일을 이해해갔고, 어떤 시기에 우리 회사의 어떤 소식이 기사로 나갔는지도 파악할 수 있게 됐다. 내가 일일이 알려주지 않아도 말이다.

사소해 보이는 일이어도 동참하는 동료가 많아지면 그들의 습관이 된다.
이 습관이 회사의 일상으로 자리 잡으면,
비로소 우리는 그것을 조직문화라고 말하는 것 아닐까?

조직문화는 작은 곳에서부터 2:
사내 뉴스레터

2

2015년 어느 날 기업평가 플랫폼인 잡플래닛에서 조사한 사내문화 1위 기업으로 내가 다니고 있던 스포카가 선정되었다. 구글코리아, 카카오 같은 국내 굴지의 기업들을 제치고 말이다. 스쿠터를 타고 나를 면접하러 왔던 대표의 모습이 채 흐릿해지기도 전에 이 회사는 빠르게 성장했다. 직원 수도 반 년 만에 세 배가 늘었다. 말로만 듣던 J 커브를 그리며 달리는 로켓에 올라탄 기분이었다.

역시 로켓의 고도가 빠르게 높아지자 성장통이 찾아왔다. 인원이 늘어나고 규모가 커지면서 뻥 뚫린 고속도로를 달리듯 이루어지던 사내 소통에 하나둘 병목현상이 나타나기 시작했다. 우리 회사만 겪는 예외적인 문제는 아니었다. 빠르게 직원 100명 구간을 돌파한 스타트업들은 공통적으로 사내 소통 문제를 고민거리로 꼽는다. 직원 30명의 시절에 가능했던 소통 방식은 100명의 직원이 있는 조직에는 맞지 않기 때문이다. 당시 우리를 괴롭게 했던 문제는 이러했다.

"대체 그 팀은 무슨 일을 해? 월급 루팡 아닐까?"
"우리는 재택근무를 하거나 지방·해외에 있어서 서울 본사에서 일어나는 소식을 잘 몰라."

"회사에서 대화 한 번 못 해본 직원이 많아졌어."

"경영진과 소통할 기회가 없어. 그들은 무슨 생각을 할까?"

동료 한두 명이 겪던 문제가 어느새 회사 전체의 문제로 확대되기 시작했다. 이 사태를 방치해선 안 된다고 판단했다. 누군가는 소통 창구를 열고 문제를 해결해야 했다. 그 일을 감히 내가 해결해보겠다고 칼을 빼들었다.

소통 자체가 내 역할의 큰 부분이었고, 다양한 팀의 동료들과 잘 어울렸기에 비교적 쉽게 그들의 애로 사항을 들을 수 있었다. 네 가지 문제를 해결하기 위해 동료들의 존재를 더욱 인식시킬 매개체가 필요했다. 그렇게 시작한 것이 사내 뉴스레터였다.

야심차게 첫발을 내딛었으나 생각보다 피곤하고 할 일이 많았다. 회사에서 일어나는 사사건건에 모두 신경 써야 했으니 말이다. 내 한 달 업무 중 20%의 시간만 할애하면 되겠다고 생각했는데, 잘못된 계산이었다. 처음 몇 달은 꽤 긴 시간을 쏟아야 했다. 뉴스레터 템플릿을 만드는 일은 예상보다 손이 많이 갔고, 디자이너를 비롯해 주변 동료에게 도움을 요청

Team News

HA

내년 1월 '2016년 연말정산'을 진행합니다.
두근두근~

GA

12월 16일 'Spoqa Cleaning Day' 이후 1월
7일에는 드디어, 오래오래 묵혀온 사무실
카펫 청소를 합니다!

BD

"연말 팀빌딩이 되어 호흡을 맞추느라 다들
열심입니다. 고생의 시간이 열매를 맺는
2017년이 되길 바랍니다!"
_Matt

ADs

"힘들었다"
_BK

dodopatch

[특종] 테헤란로의 연인(클릭)
[이달의 인터뷰] 평범함을 거부한다, Kyu(클릭)

당시 회사 대표의 데이트 현장을 우연히 목격한 내용을 실었던 뉴스레터. 사내
뉴스레터를 시작한 것은 점점 커져가는 조직 내 소통 문제를 해결하기 위해서
였다. 사내 콘텐츠를 만드는 일은 조직 내부와 동료들의 생각을 깊이 들여다보
게 해주었다.

해야 했다. 전 직원에게 보내는 발송 버튼을 누르기 전까지 매달 마감 압박에 억눌렸다. 월간지 기자가 된 듯한 기분이었다.

거창하지 않게 소통하는 방법

그렇다면, 과연 네 가지 문제는 뉴스레터 하나로 다 해결됐을까? 물론 사내 뉴스레터가 만병통치약은 아니었다. 하지만 꽤 많은 효과를 본 건 사실이다. 모든 뉴스레터에 담긴 콘텐츠는 오로지 이 문제들을 해결하기 위해 제작됐기 때문이다. 각각의 문제를 해결하기 위한 뉴스레터는 다음과 같은 네 가지 섹션으로 구성했다.

팀 뉴스

뉴스레터에 가장 먼저 등장하는 코너였다. 우리는 모든 팀이 중요한 일을 한다는 걸 알고 있음에도, 눈에서 멀어지다 보면 관심이 줄어들게 마련이다. 협업할 기회가 적은 팀은 대체 무슨 일을 하는지 알기가 어려울 때가 많다. 그렇다고 가시적인 성과를 내는 팀만 매번 박수를 받는 건 불공평하다고 생각했다. 그래서 이 코너에서는 공개적으로 박수받을 기회가 적은 팀 순서로 소개했다.

예를 들어 이번 달 총무팀의 소식이 '넷째 주 토요일, 청소 업체가 사무실 카펫 청소 예정'이라면, 유난스러울 정도로 부연 설명을 덧붙여 소개하는 것이다. 멀찍이 보면 간단한 일 같아도 왜 사무실 카펫을 청소하는지, 업무에 방해되지 않도록 청소 시간은 어떻게 정하는지, 어떤 업체를 선정할지 등 상당한 고민이 필요한 업무임을 알렸다. 또한 직접적인 소통 기회가 적은 지방·해외 지사의 소식도 항상 먼저 알렸다.

이달의 인터뷰

팀 단위의 소식을 알렸으니, 직원 개개인의 이야기도 알릴 필요가 있었다. 매달 한두 명씩 이색 인터뷰를 진행했다. 이를테면 "파랑, 분홍, 노랑…… 다니엘은 왜 매달 머리색을 바꾸는 거죠?"처럼 소소한 것부터 평소 회사에 하고 싶었던 이야기까지 질문을 했다. 뉴스레터를 읽는 직원들은 동료의 새로운 모습을 알게 되고, 인터뷰 주인공은 자신이 조직의 중요한 일원이라는 동기부여도 얻을 수 있으리라 생각했다. 현직자뿐 아니라 퇴사자 커플의 결혼 소식, 우리 서비스의 고객으로 돌아온 퇴사자 등 그리운 직원들의 소식도 종종 전했다.

도도패치

가장 반응이 뜨거웠던 코너로, 도도패치는 당시 회사의 브랜드명인 '도도 포인트'에서 가져온 이름이다. 이 코너는 당시 대표와 그의 여자친구(다행히 지금은 아내)의 희생이 없었더라면 탄생하지 못했을 것이다. 어느 날 나는 둘이 강남 한복판을 걸어가는 장면을 목격하고 본능처럼 스마트폰으로 사진을 찍었고, 그달의 뉴스레터에 '단독' 타이틀을 달아 짤막한 글과 함께 사진을 올렸다('[단독] 테헤란로의 커플'이 제목이었다). 이 커플의 희생 덕에 나는 회사를 발칵 뒤집어놓을 정도로 폭발적인 반응을 이끌어낼 수 있었다.

반응이 좋으니, 아예 정식 코너로 만들자 싶었다. 그날 이후 회사에서 벌어지는 일들을 순간순간 사진으로 기록했다. 굳이 내가 찍지 않아도 은밀한 제보가 많이 들어오기도 했다. 점점 "아, 그때 그랬었지. 완전 웃겼잖아!", "내가 외근 나갔을 때 사무실에 이런 일이 있었네?" 하는 유쾌함과 궁금함으로 사무실이 채워지기 시작했다.

리더의 한마디

친한 직원이 경영진과는 "안녕하세요"를 제외하고 나눈 대화가 없다는 이야기에 충격을 받고 만든, 뉴스레터 말미에 절대 빠지지 않는 코너였다. 정말 딱 한마디라도 좋으니, 다섯 명의 경영진 목소리를 빠짐없이 담아내려 했다. 그러려면 안 그래도 바쁜 경영진을 몇 번이나 보채야 했는데, 뉴스레터 발송 1시간 전에 부랴부랴 멘트를 받은 경우도 흔했다. 그들이 말하는 회사의 방향에 모든 직원이 함께하고 있다는 사실을 상기시키고, 그럼으로써 심리적 안정감을 준 것만으로도 큰 성과가 아니었을까 싶다.

돌이켜보면 이 사내 뉴스레터가 흥했던 이유는 한 가지다. 바로 우리만의 비밀 이야기였기 때문이다. 아무리 재밌는 내용이어도 뉴스레터만은 '대외비'를 유지했다. 우리만 아는 이야기라는 사실이 우리를 더 솔직하게 만들었다. 그랬기에 눈치 보지 않고 뉴스레터를 만들 수 있었고, 기가 막힌 특종을 발표하는 날에는 진짜 기자가 된 것 같았다.

"뉴스레터 보는 맛에 회사 다녀요."
"일본 팀에서도 더 많은 소재를 제보할게요!"

"제 이야기가 실리다니 뿌듯해요. 엄마 보여드릴래요."

매달 쏟아지는 피드백 중 뉴스레터 덕분에 사내 소통이 잘 된다는 내용이 가장 힘이 났다. 결과적으로 경영 컨설턴트에게 해결책을 구하는 것보다 성공적이었다고 자부한다. 조직 내부에 닥친 문제는 그 조직의 당사자만이 해결할 수 있는 법이니까.

그렇게 꼬박 12개월 동안 뉴스레터를 혼자 만들었다. 퇴사하는 달에 마지막 뉴스레터를 발송하면서 코끝이 찡했다. 오랜 시간이 지났지만 지금도 1년에 몇 번은 뉴스레터를 꺼내 읽으며 혼자서 키득대기도 한다. 그때의 뉴스레터 속 주인공들도 즐거운 추억으로 가끔 떠올려주기를 바라면서.

돌이켜보면 이 사내 뉴스레터가 흥했던 이유는 한 가지다.
바로 우리만의 비밀 이야기였기 때문이다.

혼자 일하는 1인 팀은 없다

3

동종 업계에서 일하는 사람들을 만나 이야기 나누다 보면, 처음에는 대단하다 싶다가도 의아할 때가 있다. 보도자료 내랴, 디자인하랴, 출판하랴, 기자간담회 진행하랴, 대표의 비서 역할을 하랴. 이 모든 일을 일당백으로 해내느라 죽겠다고 한다. 입사 지원자들의 이력서를 볼 때도 마찬가지다. 방금 언급한 일뿐 아니라 거대한 프로젝트 여러 개를 혼자서 진행했다는 슈퍼맨들이 참 많다. 이력서에는 업무와 프로젝트마다 자신의 기여도가 어느 정도인지 적혀 있지 않은 경우가 많다. 1인 회사나 프리랜서가 아니고서야, 이들은 정말 '혼자' 모든 업무를 해내고 있는 걸까?

물론 스타트업의 1인 팀은 혼자서 수많은 멀티 업무를 병행해야 한다. 나 역시 항상 1인 팀으로 일해왔다. 1인 팀으로 일한다는 것은 내 역량이 곧 팀 자체의 성과로 이어지기 때문에 적지 않은 부담과 책임감을 짊어질 수밖에 없다. 효과적인 '일당백'을 수행하기 위해서 한정된 시간 안에 일의 우선순위를 가늠하고 업무 시간과 범위를 예측하는 것도 중요하다. 하지만 더 중요한 것은, 일당백은 가능하지만 슈퍼맨은 아니기 때문에 어떤 일을 직접 해결하지 말아야 할지 빠르게 파악하는 일이다. 나보다 내 동료가 더 잘해낼 수 있는 일은 많다.

따라서 대부분의 일이 협업을 필요로 한다. 만약 5분 안에 기자에게 전달해야 할 이미지 자료가 있다면, 완성도보다 마감 시간에 우선순위를 두고 직접 처리해야 한다. 하지만 1년 치 성과를 담은 인포그래픽처럼 완성도가 중요한 작업은 디자이너 동료의 전문성을 빌리는 것이 더 효과적이다.

혼자서 다양한 일을 해내는 것은 칭찬받을 만하지만, 자칫 힘은 힘대로 빠지고 결과물의 완성도가 떨어지는 함정에 빠질 수 있다. 더 큰 문제는 이렇게 다른 동료와의 교류 없이 혼자 일하는 상황이 반복되다 보면 '왜 내 일의 중요성을 몰라주지?', '왜 다들 내가 하는 일에 관심이 없어?' 같은 착각에 빠진다는 것이다. 실은 잘 모르기 때문인데 말이다. 사람들은 매일 다른 팀이 하는 일을 들여다보지 않는다.

가만히 앉아서 나를 알아봐주기만 기다리면 문제가 해결될까? 자꾸만 동료들의 눈에 띄어서 필요한 순간에 나를 떠올릴 수 있도록, 스스로 내 일을 설명하고 동료와 소통하는 데 부단히 노력해야 한다.

포인트는 혼자 처리할 수 있는 일과 협업이 필요한 일을 분명히 구분하고, 어떤 일에 협업이 필요한지 정확하게 알리는 것이다. 몇 가지 방법을 소개한다.

1인 팀이 협업하는 방법

쉬운 언어로 소통한다

안타깝게도 내 업무는 동료들에게 어렵고 복잡한 이야기로 전해질 때가 많다. 개발, 마케팅처럼 서비스 운영이나 고객관리와 직접 연결된 업무가 아니라, 언론이나 정부 등 회사 밖 생태계에 존재하는 관례, 동향, 전문용어가 혼재된 일이기 때문이다. 심지어 회사 안보다 바깥 사람들과 협업하는 경우가 많아서, 동료들에겐 '죠앤의 일은 (도와주고 싶지만) 이해가 어렵다'는 인상을 남길 뿐이다(직책이 아닌 닉네임으로 동료를 부르는 스타트업 문화에서 나는 '죠앤'으로 불린다).

그렇다고 계속 동료와의 거리 두기를 할 수는 없다. 브랜딩 아이디어 하나를 짜는 데는 다양한 전문성을 가진 동료들의 관점과 생각이 필요하고, 홈페이지 이미지 하나를 바꾸는 데도 디자이너와 개발자의 도움이 없으면 아무것도 할 수 없다. 무엇보다 서로의 업에 대한 이해가 전제되어야만 협업 속도와 결과에 대한 만족도를 높일 수 있다. '저 사람은 도대체 무슨 일을 하는 거야?'라는 의심을 버릴 수 있는, 동료 간의 신뢰를 만들기 위해서라도 소통은 필요한 과정이다.

내가 찾은 쉬운 소통 무기는 바로 손그림이다. 잘 그려지는 못하지만 좋아하는 취미라 적용해보았는데, 예상보다 효과가 좋았다. 강남언니 서비스가 규제 압박(또는 외부의 관심)을 받기 시작하던 때 규제 대응 및 대관 관련 일이 늘어났는데, 이 과정은 사내 동료들이 이해하기 쉽지 않았다. 당시에 내가 밖에서 하고 있는 일을 웹툰으로 그려 설명하면 좋을 것 같았다. 입법 과정에서 일어나는 복잡한 이야기는 '법이 개정된다' 정도의 쉬운 언어로 풀고, 회사 대표를 주인공 캐릭터로 그려서 사내 행사에서 발표했다.

다행히 동료들은 흥미진진하게 들어주었고, 서비스 품질 개선, 회원 유치 등 강남언니의 직접적인 성과와 크게 관련 없어 보이는 회사 밖의 다사다난한 일이 어떤 의미를 지니는지 이해하는 사람들이 많아졌다. 웹툰의 다음 편도 궁금하다며 은근슬쩍 기대하는 사람들도 생겼다. 그때부터 3개월마다 일의 진척과 성과를 웹툰으로 그려 동료들 앞에서 발표했다. 가끔은 '있어 보이는' 전문용어를 사용해볼까 하는 욕심도 생겼지만, 동료들의 흥미를 모으는 일이 우선이었다.

동료에게 어떻게 하면 내가 하고 있는 일을 쉽게 설명할지 고민하던 차에 나온 나름의 솔루션. 파마 머리 대표를 여섯 가닥 꼬불 머리의 캐릭터로 살리고, 시간에 따른 강남언니 브랜딩의 변화, 규제 대응 현황을 비롯한 최근 이슈를 만화로 설명했다. 동료들의 열렬한 호응 덕분에 그림을 그리는 데 들인 시간이 전혀 아깝지 않았다.

오버해서 소통한다

인포그래픽 자료를 만든다고 할 때, 내가 데이터를 뽑고 콘텐츠를 기획해 디자이너에게 디자인을 요청한다고 해보자. 그에게 "이것 그대로 디자인해주면 됩니다"라고 요청하는 건, 협업이라기보다는 업무 지시에 가깝다. 대신 어떤 의도가 담겨 있고 고객에게 어떤 메시지를 전달하고 싶은지 등등 자세한 의도와 맥락을 설명하는 것이다. 이러한 맥락을 알려주는 것만으로도 디자이너는 업무 지시를 받는다는 느낌이 들지 않을 것이다.

나는 보통 밑그림까지 직접 그려서 기획을 전달하는데, 대신 "의도만 잘 전달된다면 제 밑그림은 모두 바뀌어도 좋아요"라고 말한다. 실제로 밑그림과 완전히 다른 결과물이 나왔지만 디자이너가 내 의도를 더 잘 살린 때가 많았다. 작은 업무 하나를 요청할 때도 필요 이상으로 맥락을 담아, 세련된 오버 커뮤니케이션을 하려고 부단히 노력한다.

기본적인 매너는 꼭 지킨다

생각보다 초등학교 교과서에 나오는 매너조차 잘 지키지 않는 사람이 많다. 그런데 협업을 잘하는 사람들을 관찰하면 기

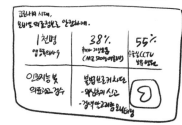

강남언니에서 제작한 인포그래픽. 인포그래픽을 제작할 때는 왼쪽처럼 손으로 그림을 그려서 기획을 완성한 뒤, 디자이너에게 의도에 대한 충분한 설명과 함께 디자인 작업을 요청한다. 협업 과정에서 가장 중요한 것은 오해를 줄이는 일이다. 작업을 시작하기에 앞서, 정확한 소통에 대한 고민이 필요하다.

본 매너를 잘 지킨다는 것을 알 수 있다. 그리고 솔직하다. 조금이라도 불편한 사항이 있으면 속으로 삭이지 않고 솔직하게 이야기한다. 자신이 실수했을 때도 빠르게 인정하고 솔직하게 표현한다. 별것 아닌 듯해도, 막상 자존심을 버리고 솔직해질 용기를 내기는 어렵다.

외부 미팅에서도 10분 전에는 먼저 도착해 있으려 하고(지각한 적도 숱하지만), 동료에게 자료를 주기로 한 날짜를 못 지킬 때는 미리 사정을 이야기해 일에 차질이 없게 한다. 이처럼 작은 업무 매너는 팀워크는 물론 협업을 통해 나오는 결과물에도 영향을 끼친다.

나보다 내 동료가 더 잘해낼 수 있는 일은 많다.

수평문화인지 수직문화인지,
그게 중요한 게 아니고

4

— "그건 우선사항이 아니야"라는 표현보다는 "그게 염병할 우선사항이 아니라니까"가 훨씬 긴박하고 또렷하게 뇌리에 꽂히는 법이다. CEO가 비속어 폭탄을 날리면 그 표현은 반복을 낳는다. 자신의 메시지가 회사 곳곳에 퍼지기를 바라는 경우 비속어를 섞는 것이 좋은 방법이 될 수 있다.

벤 호로위츠, 《하드씽》

책을 읽다가 말고 말 그대로 무릎을 탁 쳤다. '메시지 앞뒤로 비속어를 붙이면 의도가 더 잘 전달된다고? 그럼 나도 해볼까?' 밋밋한 표현보다 적당한 비속어나 추임새를 섞어 쓰는 게 말하고자 하는 바를 확실히 더 강조할 수 있다. 왜, 외국 드라마를 봐도 회의나 토론 장면에서 갖가지 욕설이 난무하지 않나?

벤 호로위츠(Ben Horowitz) 정도 되니까 가능한 일인지도 모르겠다. 회사를 창업해 십수억 달러에 매각하고, 지금은 전 세계의 투자 트렌드를 주도하는 거물이니 말이다. 그리고 무엇보다, 그가 이 얘기를 꺼낸 이유는 '그러니 우리 모두 욕설과 비속어를 사용하자!'가 아니었기 때문이다. 하긴, 그럴 리가 없지 않은가. 호로위츠는 이후 이야기에서 비속어의 부작용이 빚어낸 일들에 대해 언급한다. 몇몇 직원이 욕설이 난무하는 사무실 분위기에 불만을 표한 것이다.

이래도 문제, 저래도 문제?

멀리 갈 것 없이 주변에서도 이런 일을 자주 볼 수 있다. 어떤 동료가 회의 도중 다른 동료의 감정을 상하게 하는 말을 했다고 치자. 감정이 상한 동료는 회사에 그에 대한 처벌을 요청했다. 문제는 그 기준을 찾기가 어렵다는 것이다. 회사가 어떤 방식으로 경고나 처벌을 할 것인지 정하는 일도 그렇거니와, 경고나 처벌을 할 만한 발언이었는지를 판별하기도 사실 어렵다. 같은 말이어도 어떤 이가 듣기에는 기분 나쁜 말이 아닐 수 있다. 심지어 당시 회의실에서 함께 그 말을 들었던 동료들도 쉽게 판단할 수가 없다. 도대체 이를 어떻게 해야 하는가?

　문제는 여기서 끝이 아니다. 많은 한국의 스타트업은 직급에 상관없는 닉네임, 반말, 격 없는 대화를 지향한다. 상명하복의 지시와 보고 체계, 상사의 눈치를 보는 회의로 대표되는 수직적 문화와 반대되는 수평적 문화를 지향한다. 어떻게 보면 상대방의 감정을 상하게 한 발언은 이러한 문화에서 비롯된 것일지 모른다. 서로 편하게 말하다 보면 기분이 상할 때도 있으니 말이다.

그런데, 이런 상황에서 회사가 직원의 특정 발언에 대해 경고해야 한다니, 마치 모순인 것 같아 고민에 빠지는 것이다. "우리는 수평문화야!"를 외쳐왔는데, 자칫 회사 스스로 표현의 자유를 막는 수직문화로 보일까 걱정이 될 수밖에 없다. 이는 그동안 쌓아온 문화를 깨는 것이기 때문이다.

호로위츠의 고민도 거기에 있었다. 당장에 비속어를 금지하는 건 쉽다. 고치려면 고칠 수 있다. 하지만 비속어 사용을 금지하면 비속어 사용에 익숙한 사람들은 입사하려 하지 않을 수 있고, 그만둘지도 모른다. 고리타분하고 답답한 분위기의 회사로 보일 테니 말이다. 게다가 당시 실리콘밸리의 기술 기업은 비속어가 난무했다. 실리콘밸리 특유의 문화였던 것이다. 만약 비속어를 금지하면 당연히 좋은 인재들이 오지 않을 것이고, 그러다 보면 시대에 뒤떨어진 기업이 될 수 있었다.

—— 그렇다고 직원들을 위협하거나 성희롱하거나 혹은 그 외에 바람직하지 못한 의도나 용도로 비속어를 사용할 수 있

다는 뜻은 아닙니다. 일반적인 다른 어휘가 허용되는 범위 내에서 비속어 역시 언어로서 허용한다는 의미입니다. '컵케이크'라는 단어를 예로 들어보겠습니다. 제가 섀넌(Shannon)에게 "당신이 구운 컵케이크가 참 맛있어 보이는군요"라고 말하는 것은 괜찮지만, 앤서니(Anthony)에게 "이봐, 컵케이크, 그 청바지 입으니까 아주 섹시해 보이는데"라고 말하는 것은 허용되지 않습니다.

벤 호로위츠, 《하드씽》

이렇게 그는 몇 가지 문제를 고쳐서 비속어 문화를 유지한다. 문제를 고쳤다는 것도 중요하지만 더 중요한 것은 따로 있다. 그 결정을 내리기까지 고려한 사항들, 그리고 자신이 해당 문제에 대해서 고민한 내용까지 모두 직원들과 공유했다는 점이다. 그리고 하나 더. 개선된 문화가 취지에 맞게 제대로 실현되기 위한 명확한 원칙을 제시했다는 점이다.

이 원칙은 명령과는 거리가 멀다. 직원들은 이 원칙을 시행하는 목적과 구체적인 방법에 대해 충분히 설명을 들을 수 있었기 때문이다. 겉보기에 자유롭고 수평적인 문화가 실제로도 잘 작동하기 위해서는, 많은 스타트업이 우려하는 바와는 달리 엄격하고 구체적인 원칙에 합의하는 것이 중요하다. 반말, 닉네임, 비속어 사용에 대한 문제도 구체적인 원칙만 합의된다면, 쉽게 해결할 가능성이 높아진다.

비슷한 예는 아마존에서도 찾을 수 있다. 'Disagree and Commit'라는 원칙으로, 소신 있게 반대하되 결정이 내려지면 헌신해야 한다는 의미다. 이 원칙은 아마존의 결정에 반대하거나 불만을 가진 직원이 취해야 할 행동을 명확하게 제시한다. 치열하게 논쟁하다가 내 주장이 안 받아들여지면 답답하고 화가 나게 마련이다. 이때 무작정 화를 내거나 다른 데서 '뒷담화'를 하는 대신 더 치열하게 논쟁에 참여하되, 그럼에도 자신의 주장에 반하는 의사결정이 났을 땐 조직 차원에서 이익이 되는 결정임을 인정하고 기꺼이 동의하라는 거다.

중요한 건, 이 원칙이 선택사항이 아닌 의무라는 사실이다. 만약 화를 참지 못하고 사내 정치를 조장하는 직원이 있다면, 그는 회사의 원칙을 위반했다고 판단할 수 있다.

얼렁뚱땅 넘어가지 말고 확실하게

어느 날 한 스타트업 대표가 연락을 해왔다. 복지정책에 대한 직원들의 요구를 어디까지 맞춰줘야 할지 고민이라고 했다. 처음에는 "그게 왜 고민이에요? 적정한 선을 정해서 설명하면 되는 거잖아요"라고 간단하게 답했다. 그러다가 직원들이 얼마나 과도한 복지를 요구하는지, 회사와 직원들이 이해하는 복지정책의 취지가 서로 얼마나 다른지 알았을 때는 문제의 심각성을 깨달았다. 심지어 대표는 일주일 동안 다른 회사의 복지 기준까지 조사하고 다닐 정도였다. 직원들이 사내 편의점까지 갖춘 다른 회사와 비교한다는 것이었다.

이때 '최대한' 많은 직원을 만족시킬 원칙을 만들자는 해결책은 그리 효과적이지 않다. 어떠한 대안을 제시해도 모두를 만족시키기 쉽지 않기 때문이다. "우리 회사는 직원 개인의 행복과 최고의 복지를 추구한다고 말만 하고, 왜 다른 스타트업보다 복지 지원이 적은 거죠?"

또다시 벤 호로위츠의 해결책을 떠올려보자. 비속어 문화를 고민하면서 그는 아마도 직원들의 이야기를 충분히 들었을 거다. 그 과정에서 무엇이 중요한 문제고, 무엇이 덜 중요한 문제인지 따져봤을 것이다. 명확한 원칙을 설명하는 자, 그 원칙을 따라야 하는 자 사이의 이해와 합의가 이루어지는 과정이다. 호로위츠가 말했듯이 그가 회사의 대표로서 비속어에 대한 새로운 원칙을 정했을 때, 반론도 없고 회사를 나간 사람도 없었던 건 모두가 그 원칙의 목적에 대해서 이해하고 공감했기 때문일 것이다.

복지정책 또한 정확한 취지와 명확한 원칙을 함께 설명할 필요가 있다. 왜 회사가 직원에게 복지를 지원하는지 말이다. 이를테면 이런 거다.

> "직원 복지는 모두의 업무 환경에 방해되는 요소를 제거하기 위한 장치이지, 더 맛있는 간식을 먹고 개인적인 행복을 추구하라는 게 아닙니다."
> "회사에서 무한정 도서 구입을 지원한다고 해서 주말에 읽을 요리책이나 만화책을 사라는 것이 아닙니다. 업무 능력을 향상하는 데 도움이 될 도서를 구입해야 합니다."

이렇게 취지를 설명했는데도 다른 회사의 복지와 비교하거나 과도하게 요구하는 직원이 있는지 살펴볼 필요가 있다. 만약 여전히 문제가 해결되지 않았다면 두 가지다. 회사에서 명확한 원칙을 충분히 설명하지 못했거나, 비뚤어진 직원이 원칙을 받아들일 마음이 없거나.

결국 중요한 것은 수평적인 문화를 지향하느냐 수직적인 문화를 지향하느냐가 아니다. 서로의 의견을 거리낌 없이 주고받고 있는지, 그 의견들을 수렴해 모두에게 이익이 되는 명확한 원칙을 만들 수 있는지를 따져봐야 한다.

지금 우리 회사에 어떤 문제가 있다면 한번 자문해보자. 직원들이 자신의 의견을 공개적이고 자유롭게 나누되 명확하고 엄격한 원칙이 있는 조직인가? 아니면 문제가 생기면 얼렁뚱땅 넘길 뿐 구체적인 원칙 정하기를 회피하는 조직인가?

겉보기에 자유롭고 수평적인 문화가 실제로도 잘 작동하기 위해서는,
많은 스타트업이 우려하는 바와는 달리
엄격하고 구체적인 원칙에 합의하는 것이 중요하다.

브랜딩의 8할은 CEO

5

카카오벤처스에 다닐 때 포트폴리오 스타트업들을 하나씩 살피다 보니 어느덧 150명의 대표와 동시에 일을 하고 있었다. 창업한 지 갓 한 달이 된 회사부터 시작해 초기 성장 단계에 있는 스타트업이 많았기 때문이다. 물론 이제는 유니콘을 앞둔 거물 스타트업이 된 회사도 많다. 이들이 빠르게 성장하는 모습을 보는 재미도 있었지만, 대표 150명의 150가지 색깔 리더십을 곁에서 볼 수 있다는 자체가 행운이라 여기며 일했다.

그래서인지 나에게 각 회사에 대한 인상은 대표의 말 하나 행동 하나에 따라 결정됐다. 직원으로 직접 일해보지 않는 이상, 회사의 조직문화와 사업철학을 이해하는 방법은 기사나 블로그를 읽거나 직원인 지인과 이야기해보는 정도가 전부다. 그러니 아직 홍보도 시작하지 않은 회사라면 더더욱 회사의 이미지와 평판은 창업자로 인해 만들어지는 부분이 클 수밖에 없다. 결국 회사의 철학은 창업자에게서 시작되는 것이고, 조직문화도 그 리더가 주도하는 경우가 많으니까.

특히 나는 초기 회사의 홍보 역량을 채워주는 사람이었으니, 대표들마다 부족한 점이 무엇인지 파악하는 것이 먼저였다. 그러던 중 대표 본인은 잘 모르지만, 일정하게 나타나는 안 좋은 유형이 보이기 시작했다. 대표의 눈과 귀를 가리는 콩깍지는 크게 두 가지다.

'우린 아직 아니야'라는 콩깍지

"제품 개발이 먼저지, 브랜딩은 사치예요. 우리 회사는
아직 브랜딩 담당자도 없어요."
"우리는 배달의민족이나 토스급이 되려면 아직 멀었어
요. 나중에 더 큰 성과를 얻으면 밖에 자랑할게요."

대표들로부터 자주 들었던 말이다. 아직 아니라는 말은 사실
아직 시도조차 안 해봤다는 사실에 대한 핑계일지도 모른다.
도전하기는 귀찮고 두렵지만, 안 되는 이유를 만드는 건 쉬우
니 말이다.

인재를 많이 채용하고 싶지만 조직문화와 근무 환경을 홍
보하는 데 드는 비용을 아까워하고, 의미 있는 성과를 냈지만
압도적으로 잘나가는 회사에 비하면 보잘것없다고 생각해 적
극적인 홍보를 포기하는 대표들이 많다. 그런 태도는 곧 소극

적인 회사 이미지로 연결될 가능성이 크다(반대로 아직 대단한 성과는 못 냈어도 어떻게든 회사를 알리고자 하는 대표를 만나면, 나도 덩달아 신이 나서 팔을 걷어붙이고 내 일처럼 도왔다).

홍보에 소극적인 대표들은 인력이 부족하고 성과도 변변치 않다는 핑계를 많이 대는데, 이는 개발이나 영업만큼 브랜딩에 대해 고민하지 않는다는 고백이나 다름없다. 회사 규모가 작아서 브랜딩 담당자가 없다 해도, 회사 밖을 가장 많이 나서는 대표가 직접 기자를 만나는 노력이라도 해볼 수는 있다.

"상품만 좋으면 저절로 홍보가 될 것이다"역시 현실 회피다. 과연 배달의민족이나 토스가 저절로 인지도가 높아졌을까? 좋은 서비스로 사람들의 관심을 얻게 되자 그제야 "슬슬 브랜딩을 좀 해볼까"하고 생각한 것일까?

이왕이면 세간의 관심과 질타를 조금이라도 적게 받을 때 더 과감해지는 편이 낫다. 시도를 거듭할수록 어떻게 하면 다음번에는 매를 덜 맞을지 고민할 기회를 얻게 되니까.

'우리가 최고야'라는 콩깍지

"우리 회사가 최고예요."

"경쟁사의 서비스는 우리 서비스보다 뒤떨어져요."

대표의 자신감이 자만과 착각으로 변하면 주변의 안타까움을 자아낸다. 아무리 냉정한 현실을 이야기해줘도 들을 생각을 안 한다. 부족한 현실감각은 회사 이미지에도 안 좋은 영향을 주어 신뢰를 떨어뜨리는 역효과를 낸다.

물론 대표의 자신감은 직원에게 안정감과 애사심을 높일 수 있지만, 직원 전체가 현실감각을 잃어버리게 만들 가능성이 커지는 게 문제다. 스타트업 업계에는 '스타트업 뽕'이라는 은어가 있다. 회사에 대한 애정이 자만으로 바뀌는 건 한순간이다. 스타트업 뽕이 퍼진 회사에서는 "그건 잘못된 것이에요"라고 문제를 제기하는 직원을 오히려 애사심이 부족한 사람으로 취급하는 경우도 있다.

이런 조직문화가 자리 잡으면 '내로남불' 현상이 일어난다. 보도자료를 배포했는데 예상만큼 기사화가 되지 않으면 기자 탓을 하고, 고객의 불만은 커져가고 있는데 원인을 찾아 해결할 생각은 않고 블랙컨슈머 리스트만 만들고 있다. 이런 상태에서는 어떤 전문가가 와도 브랜딩 전략을 짜기가 불가능하다.

대표에게는 무엇보다 소중한 회사지만, 현실은 수많은 회사 중에 하나일 뿐이다. 대표가 냉정하게 회사의 현실을 바라볼 줄 알게 되는 것만으로도 브랜딩은 이미 절반은 성공이다.

결국 회피가 주는 편안함과 자만이 주는 뿌듯함에서 벗어나 정확하게 현실 인식을 하는 것이 브랜드를 만들어가는 일의 시작이다. 회피와 자만의 태도를 고치기 위해서는 수많은 실패와 시행착오를 거쳐야 한다.

물론 자기객관화만큼 어려운 일도 없다. 만약 우리 회사는 다른 회사와 달리 처음부터 큰 시련 없이 잘 성장하고 있다고 느낀다면, 회피와 자만의 늪에 빠져 있는 건 아닌지 되돌아봐야 할 신호다. 내 이야기는 아닐 거라며 읽고 있었던 대표님, 뜨끔하신가요?

평판 좋은 대표들의 특징

스타트업 대표들이 지닌 문제점을 많이 발견하기도 했지만, 사실은 많은 대표에게서 그보다 몇 배 이상으로 교훈을 얻고 감동을 받았다. 그중 아직도 기억에 또렷한 세 명의 대표가 있다.

간호사 업무 관리 서비스를 운영하는 마이듀티의 정석모 대표는 평생 간호사로 일했던 어머니의 낡은 교대근무표를 옷 주머니에 넣고 다니는 분이다. 마침 카카오벤처스의 네트워킹 행사 당일이 그의 생일이었는데, 깜짝 이벤트로 준비한 생일 케이크가 그의 얼굴로 돌진했고 그는 생크림이 범벅된 얼굴로 몸개그를 하며 투자자들과 대표들에게 웃음을 주었다.

직원들 앞에서는 과묵한 리더였을지 모르지만, 회사 밖에서는 말 그대로 회사를 '대표'해서 온몸으로 희생정신을 보여주었다. 과연 마이듀티 직원들은 이날 대표의 생일 케이크 소동을 알고 있을까?

홈클리닝 서비스 청소연구소를 창업한 연현주 대표와의 기억도 인상 깊다. 그가 창업 후 몇 년 만에 처음 해외로 가족 여행을 갔는데, 하필 휴가 기간에 블랙컨슈머 문제가 터져 억울

한 진통을 겪어야 했다. 대표는 시간이 정반대인 나라에서 매일 밤을 새며 고객과 전화로 소통했고, 결국 원만하게 사건을 해결했다. 돌아왔을 때 살이 쏙 빠진 얼굴을 보며 마음이 아팠지만, 시공간을 떠나 그가 보여준 리더십과 책임감에 저절로 엄지가 치켜올려졌다.

마지막으로 소개할 대표는 한 번도 실물을 본 적 없는 분이다. 바로 프렌즈사천성이라는 유명 게임을 개발한 게임사 넵튠의 정욱 대표다. 그와는 이메일과 카카오톡으로 연락을 주고받은 게 전부다. 시시때때로 자료를 요청하거나 투자사에서 주최하는 행사에 참석해달라는 요청이 귀찮았을 법도 한데, 바쁜 업무와 출장 와중에도 항상 친절했다. 사실 행사를 열면 당일에 '노쇼'를 하는 대표도 많았는데, 정욱 대표는 불참할 때면 항상 사정을 설명하며 미리 알려주었다.

한번은 스타트업 대표 100명이 참석하는 대규모 네트워킹 행사를 준비한 적이 있는데, 대표들의 짧은 영상을 연결해 행사 피날레로 쓸 작정이었다. 그래서 '파이팅' 정도의 짧은 멘트를 담은 영상을 찍어 보내달라고 대표들에게 미리 요청했다. 영상을 편집할 여유를 고려해 언제까지는 꼭 보내달라고 해도, 바쁜 업무 때문에 제시간에 보내지 못하는 대표가 많았다. 그러나 정욱 대표는 역시나 일찌감치 영상을 보내주었다. 하지만 나의 감동 포인트는 그 이후부터였다. 영상 속에서 그는 A4 용지에 손으로 빼곡히 써내려간 편지를 읽고 있었다. 자신의 과거 경험을 들려주며 후배 창업가에게 진심 어린 조언을 전하고 있는 그는 더듬거리는 모습조차 없었다. 몇 번이나 카메라 앞에서 다시 찍기를 반복했겠다 싶었다. 행사 당일, 그 영상을 집중하며 보던 참석자들의 모습이 아직도 생생하다.

얼굴 한 번 보지 못한 담당자의 요청, 심지어 자신이 참석하지도 않는 행사에도 이렇게 감동적인 답변을 주는 사람이니 주변 창업가들로부터 최고의 평판과 두터운 신뢰를 받는 것은 우연이 아니었다.

작은 스타트업일수록 대표의 말과 행동은 큰 영향력을 지닌다. 대표의 말 한마디로 하루아침에 최악의 회사로 낙인찍히거나, 반대로 오랫동안 좋은 회사로 기억되기도 한다. 대표 스스로가 만든 신뢰와 평판은 회사의 장기적인 성장에 중요한 영향을 끼친다.

결국 회피가 주는 편안함과 자만이 주는 뿌듯함에서 벗어나
정확하게 현실 인식을 하는 것이 브랜드를 만들어가는 일의 시작이다.

우리 대표님을 관찰하는 이유

회사를 객관적으로 바라보는 것은 대표 스스로 해야 할 일이기도 하지만, 회사를 브랜딩해야 할 실무자, 즉 브랜딩 담당자에게도 매우 중요하다. 그러려면 입사하기 전부터 대표에게 직접 질문을 해서든 뒷조사(언론, 지인 등)를 해서든 간에 대표의 성향을 최대한 파악하는 것이 필요하다. 과연 내가 이 사람과 오랫동안 일할 수 있을지, 이 사람을 믿어도 될지 가늠해봐야 한다. 자세히 관찰하다 보면, 이 사람이 기업 브랜딩을 얼마나 중요하게 생각하는지도 알 수 있게 된다.

이 단계를 통과해 입사 계약서에 도장을 쾅 찍고 나면, 이제 대표와 어떻게 환상의 짝꿍 같은 호흡을 만들어갈지 고민할 차례다. 브랜딩 담당자에게 '우리 대표님'은 무한한 브랜딩 소재가 되며, 회사의 과거와 현재, 미래를 모두 품고 있는 역사의 산증인인 것이다.

나는 틈만 나면 대표와 이야기하는 것을 좋아한다. 그가 엘리베이터를 기다리고 있는 모습을 발견하면 쪼르르 달려가 1층까지 배웅하면서 잠깐의 대화를 한다. 지난 주말에 만난 사람과는 어떤 이야기를 했는지, 최근 스트레스는 어떻게 풀고 있는지 시시콜콜 이야기를 나눈다. 그 와중에 인상 깊은 말을 듣거나 아이디어가 떠오르면 즉시 메모장에 적어둔다.

평소에 대표가 어떻게 직원을 대하는지도 주목한다. 어느 날 대표가 인사정책에 불만이 있는 직원의 고민을 들었다고 해보자. 직원의 이야기를 유심히 듣고 기억했다가 향후 인사 시스템 개선에 반영하는 대표가 있는 반면, 앞에서는 고민을 공감하는 척하다가 뒤에서는 그를 불평불만 분자로 낙인찍어 구조조정 0순위 리스트에 넣어버리는 대표도 있다. 에이 설마, 싶을 테지만 후자의 경우를 많이 봐왔다.

이외에 대표의 사소한 습관을 관찰하는 것은 위기관리 측면에서도 굉장히 중요하다. 평소 대표의 의사결정 과정과 사소한 습관이 위기 상황에서도 똑같이 드러날 가능성이 높기 때문이다. 예를 들어 퇴사한 직원이 기업평가 플랫폼에 부정적인 글을 적었다고 해보자. 당장 그를 찾아가 오해를 풀어줄 것인지, 직원들 앞에서 "그는 원래 불평불만이 많은 사람이었어"라며 웃어넘길지 충분히 예측할 수 있는 것이다. 이것이 내가 대표의 미세한 표정 변화와 말투를 관찰하는 이유다.

브랜딩 담당자와 대표는 서로 의견이 다를 때가 많아 한참을 지지고 볶고 싸워야 한다. 지금도 나는 대표와 하루걸러 논쟁을 하고, 다음 날에는 또 언제 그랬냐는 듯 웃으며 지내기를 반복하고 있다. 아무리 대표가 밉다 해도 외부에서 누군가가

'우리 대표님'을 흉보면 그렇게 화가 날 수가 없는 것이다. 애증의 대상이지만, 우리 대표님의 말 하나 행동 하나가 브랜드를 만들고 확장하는 데 지대한 영향을 미치기 때문이다.

─────────────────── **핸콕과 레이**

월 스미스(Will Smith)가 나오는 B급 코미디 영화 〈핸콕〉을 보셨는
지. 나는 내가 이 영화를 보고 눈이 퉁퉁 붓도록 오열할 줄은 꿈에도
몰랐다.

월 스미스가 연기한 존 핸콕은 누구도 당해낼 수 없는 힘을 가진 슈
퍼 히어로 캐릭터다. 그는 항상 선한 마음으로 사람들을 돕지만, 꼭
한 가지씩 일을 망쳐서 상황을 악화시키고 비난받기 일쑤다. 한번은
철도 건널목에 끼인 자동차가 기차에 부딪히기 직전에 마침 그곳을
지나던 핸콕이 차를 위로 던져버리고 자신의 몸으로 기차를 막는다.
아니나 다를까, 운전자는 무사했지만 기차가 다 부서져버린다. 목격
자들은 "차를 들고 날아가면 되지. 왜 기차까지 부순 거냐"며 핸콕을
비난한다.

핸콕이 구해준 운전자는 PR 전문가인 레이(제이슨 베이트먼, Jason
Bateman)인데, 그는 사람들이 핸콕의 착한 마음을 몰라주는 상황에

안타까움을 느낀다. 그는 핸콕의 능력이 더 좋은 쪽으로 쓰일 수 있다고 믿었고, 그렇게 2% 모자란 핸콕을 변화시키기 위한 PR 프로젝트를 시작한다.

레이와 오랜 수련을 마친 핸콕은 마블 히어로가 입을 법한 검정 쫄쫄이를 입고서 강도가 든 은행 건물로 출동한다. 그동안 연습했던 "굿 잡"(Good job) 멘트를 주변 경찰에게 외치며 우선 점수를 따보려 한다. 굿 잡! 굿 잡! 그러나 돌아오는 반응은? "그놈의 굿 잡 그만 외치고, 제발 범인이나 잡아요!"

이번에는 실수 없이 멋지게 범인을 처리한 핸콕. 또다시 버릇처럼 경찰에게 "굿 잡!"을 외친다. 이번에 돌아온 대답은? "아니, 당신이 최고예요."(No, you good job)라는 경찰의 이 한마디와 동시에 주변에서 들리는 박수갈채. 이런 경우는 난생처음이라 핸콕은 어찌할 바를 몰라한다. 이렇게 핸콕은 레이의 전략 덕분에 이미지 개선에 성공하게 된다.

영화에서 핸콕의 대사와 행동 하나하나는 거의 '병맛급'으로 코믹하게 그려진다. 그런데 나는 왜 이 영화를 보고 오열했던 것일까. 구박과 비난을 이겨내고 성공을 이룬 핸콕의 모습 때문에?

실은 핸콕 뒤에 묵묵히 서 있는 한 사람. 사람들의 머릿속에서 벌써 잊힌 그 사람, PR 전문가 레이 때문이었다. 레이는 핸콕이 박수를 받는 뉴스 방송을 보고서는, 마침내 긴장을 내려놓고 환호성을 지르며 집 안을 콩콩 뛰어다닌다. 그 모습을 보니 그동안 회사를 브랜딩하며 겪었던 우여곡절이 떠올라 레이에게 감정이입을 해버린 것이다. 감히 레이에 빙의해보자면, 그는 성공하리라는 어떤 확신도 없는 상태에서 핸콕을 믿어야만 했다. 핸콕마저 자신의 이미지가 바뀔 거라 기대하지 않았으니까. 그들의 성공을 응원하는 사람조차 없었다. 레이는 그냥 포기해야 좋을지, 핸콕의 이미지가 더 나빠지면 어떻게 자신이 책임질지에 대한 걱정으로 수많은 밤을 지새웠을 것이다. 다행히, 어설퍼 보이는 '굿잡 전략'이 통했다.

레이는 자신이 브랜딩하는 존재가 사람들에게 긍정적인 영향력을 전파하고 사회를 변화시켰다는 사실 하나로 세상을 다 가진 기분이었을 것이다. 레이가 환호성을 지르며 뛰어다니는 장면은 채 2초도 되지 않았지만, 그 짧은 순간 뒤에 숨은 기나긴 고뇌가 느껴졌던 것이다.

스타트업을 브랜딩한다는 것은 그 회사의 하나뿐인 시작을 함께하는 소중한 경험이다. 마침내 회사가 전 세계적으로 사랑받는 거물이 됐을 때 내가 조금이나마 성장에 일조했다는 뿌듯함은 이루 말할 수 없다. 내가 그들의 '처음'을 기억하는 소수 중 한 명이라는 영광도 함께. 이 뿌듯함과 영광은 단순히 남들보다 일찍 인연을 맺었다는 사실이 아니라, 성장통을 함께 겪었다는 사실에서 온다.

나에게는 당근마켓이 그런 곳이다. 육아맘 인터넷 커뮤니티에서 당근마켓이 조금씩 인기를 끌 무렵, 우리 회사가 투자한 곳이라 홍보를 도왔다. 내 소개로 이루어진 언론 인터뷰가 당근마켓 대표들의 첫 인터뷰가 됐고, 당시 그들이 이야기한 당찬 계획들은 어느새 현실이 됐다.

기자에게 소개해주기 위해 당시 판교에 있던 당근마켓 사무실을 방문했는데, 도저히 택시가 안 잡히는 인적 없는 곳이라 장대비 내리는 날 30분을 걸어 번화가로 나왔던 기억이 난다. 그랬던 당근마켓이 강남대로가 훤히 내려다보이는 상징성 높은 빌딩으로 이사했다고 한다.

당근마켓 사례만 이야기했지만, 지금 우리가 좋아하는 많은 브랜드의 꼬꼬마 시절은 어떤 모습이었을까? 나만 알던 브랜드를 우리 엄마와 친구까지 좋아하도록 만드는 데 기여할 수 있다는 건, 스타트업에서만 경험할 수 있는 매력이다.

그 회사의
미래

어떤 미래를 데려와야 할까

보도자료를 대하는 바람직한 태도

1

신규 서비스 출시에 대한 보도자료를 작성한다고 해보자. 이왕 작성하는 김에 거액의 예산을 쏟은 마케팅 이벤트와 직원 채용 소식도 알리고 싶은 마음이 생길 것이다. 그렇게 하나둘 내용이 더해지면서 어느새 회사 소개서 수준의 보도자료가 만들어졌다. 수많은 정보를 집어넣다 보니, 애초에 알리고자 했던 신규 서비스 이야기는 희미해져버렸다. 왜 이런 일이 발생하는 걸까(실제로 홍보팀이 없는 초기 스타트업에서 많이 발생하는 사례다)?

애정은 애정, 욕심은 욕심

몇 달, 아니 몇 년을 고생해서 만든 서비스는 그 누구보다도 대표에게 의미가 클 텐데, 이 소식이 보도자료로 배포되고 기사화된다면 그는 세상에서 가장 행복한 사람이 될 것만 같다. 의욕과 애정은 좋다. 다만 애정이 욕심으로 커지면, 보도자료는 갈피를 잃고 불필요한 내용으로 채워지고 만다.

'우리 회사 보도자료를 가장 잘 쓰는 사람은 우리 회사를 가장 잘 아는 바로 나'라고 생각하는 대표들도 많다. 그들은 대여섯 문단으로 구성된 기사부터 떠올릴 것이다. '한 문단에 서너 줄이라고 하면, 스무 줄 넘게만 쓰면 되겠네? 식은 죽 먹 긴데?'

하지만 보도자료는 만만한 업무가 아니다. 어떤 목적으로, 누구를 타깃으로 하는지 제대로 생각해봐야 한다. 우선 보도 자료를 가장 먼저 받는 고객은 기자라는 것을 기억해야 한다. 미디어는 우리 기사를 실어줄 수단이 아니라 첫 번째 고객이 라는 점을 말이다. 기자는 하루에도 수백 통의 이메일로 기업 보도자료를 받는다. 그중에서 기사화할 가치가 있는 보도자 료를 선택하고 기사로 편집한다. 핵심 주제는 드러나 있지 않 고 단순히 자랑거리로만 채워져 있다면, 그 보도자료는 기사 화되지 않을 가능성이 높다.

심지어 기자가 회사 대표로부터 기사를 무리하게 수정해달 라거나 불리한 내용을 삭제해달라고 계속 요구받는다면, 회 사와의 관계를 오래 유지하고 싶지 않을 것이다. 보도자료가 많은 사람에게 채 닿기 전에 기자에게 먼저 신뢰를 잃고 만다.

인터넷에서 기사를 접한 독자 또한 회사의 자랑거리에는 큰 관심이 없다. 어차피 기사를 읽어도 정보를 다 기억하지도 못한다. 오탈자는 없는지, 적절한 접속사를 썼는지 일일이 따져보는 사람도 드물 것이다(그렇다고 보도자료에 오탈자가 있어도 된다는 말은 아니다!). 대부분 관심 가는 제목의 기사를 클릭해 핵심 내용만 파악한다.

워낙 읽을거리가 넘쳐나니, 나 역시 기사 페이지를 닫고 5분만 지나도 자세한 내용을 떠올리기 힘들다. 5분이 지난 뒤 독자가 우리 회사 기사의 핵심을 잔상으로나마 기억하고 있다면, 그것만으로도 큰 성공이다.

어디까지나 보도자료란 대중과 언론에게 회사의 공식 메시지를 전달하는 수단이다. 일기장이나 개인 소셜미디어가 아니다. 자랑하고 싶은 얘기를 막 써내려가는 글쓰기가 아니라는 것이다.

보도자료에 싣는 짧은 내용일수록 긴 글쓰기보다 더욱 무게감 있는 메시지로 독자에게 전달해야 한다. 보도자료를 작성할 때만큼은, 자랑스러운 우리 회사가 남들에게는 '듣보잡' 회사라는 점을 유념하면서 말이다.

미래의 보도자료 써보기

보도자료를 제대로 작성하기 위해서는 미션이라고 하는, 회사의 최종 목표이자 방향성부터 정의할 줄 알아야 한다. 좋은 방법이 있다. 가상의 타임머신을 타고 미래로 가보는 것이다. 즉 회사가 달성하고자 하는 최종 목표를 떠올리고, 점점 시간을 줄혀나간다. 10년 뒤, 5년 뒤, 3년 뒤, 1년 뒤, 한 달 뒤, 그리고 내일까지. 미래의 회사 모습은 어떠한가? 방금 떠올린 각 시점의 목표는 단계별 전략이라고 할 수 있다.

이제 이 상상을 가상의 보도자료로 작성해보는 것이다. 5년 뒤 우리 회사는 언론에서 어떻게 소개되고 있을지 상상의 나래를 펼쳐보자. 그때쯤이면 페이스북, 구글같이 전 세계에서 사용하는 글로벌 서비스가 되어 있을지도 모른다. 어쩌면 대기업과 인수합병을 마치고 자회사들 간 사업 시너지를 고민하고 있을지도 모르겠다. 지금으로선 상상하기 힘든 생소한 분야에서 활약하며 기업가치를 올리고 있을지도? 벌써 'OOO사, 시가총액 세계 10위 달성', '기업가치 50억 달러의 OOO, 실리콘밸리 기업 △△에 매각' 같은 보도자료 제목이 떠오른다.

시점을 앞당길수록 우리가 원하는 회사의 모습이 더 현실

적이고 선명하게 그려질 것이다. 여기서 상상만 하지 말고 보도자료로 남기는 것이 중요하다. 상상이 문서화되는 순간, 그것은 우리만의 사업 계획이 된다. '미래의 전략서'가 될 보도자료 쓰기는 실제로 실리콘밸리를 포함한 유수의 IT 기업에서 많이들 활용하고 있다.

미래의 보도자료가 쌓이다 보면, 당장 다음 주에 배포할 보도자료는 쉽게 완성할 수 있다. 이미 담당자의 머릿속에는 이번 보도자료의 목적과 회사의 미래가 연결되어 있기 때문이다. 무엇보다 보도자료에 항상 등장하는 "김아무개 대표는 ~라고 밝혔다"라는 멘트도 매번 식상한 내용이 아닌 회사의 미래를 담는 중요한 메시지가 될 것이다.

5년 뒤를 상상하고 보도자료를 쓴다는 게 허무맹랑하게 느껴질 수도 있다. 그런데 5년 뒤에 이 보도자료를 다시 찾아본다면 어떨까? 얼마나 허무맹랑한 상상이었는지는 미래가 되어서야 판단할 수 있을 것이다.

일론 머스크가 2050년까지 화성에 100만 명을 이주시키겠다는 꿈을 가진 건 언제부터였을까? "금융부터 바꾼다. 모든 것을 바꿀 때까지"라는 슬로건을 외친 토스는 또 무엇을 바꿔나갈 작정일까?

보도자료 작성 가이드

주제 선정

① 미래의 보도자료에 담긴 주제(회사의 전략)와 어떤 연관성이 있는가?

② 이 주제를 왜 다른 수단이 아닌 보도자료로 배포해야 하는가?

자료 수집과 실무자 인터뷰

① 어떤 데이터가 주제를 뒷받침하는가?

② 내가 모은 데이터에 대해 피드백을 가장 잘해줄 실무자는 누구인가?

보도자료 작성

① 알리고자 하는 핵심 메시지 외에 불필요한 내용이 들어가진 않았는가?

② 중학교 3학년 학생이 읽어도 쉽게 이해 가능한 용어와 문장으로 작성했는가?

③ 모두 사실에 근거한 내용인가?

④ 제목과 이미지만 봐도 핵심 주제를 파악할 수 있는가?

이해관계자 공유와 합의

① 함께 언급되는 사람이나 회사에 내용 및 배포 일정을 미리 공유했는가?
② 그들에게 외부 문의에 대비한 질의응답 가이드를 미리 전달했는가?

보도자료 배포와 모니터링

① 기자의 문의사항 중 모르는 내용이 있다면, 실무자나 이해관계자에게 확인 후 응대했는가?
② 대외비를 이야기하지는 않았는가?
③ 기사에 틀린 내용이 있다면 사실 정보로 정리해 해당 기자에게 수정 요청을 한다.

수술실 CCTV 프로젝트

2

2020년 한국 의료계는 코로나19뿐 아니라 '유령 수술'로 조용할 날이 없었다. 유령 수술이란 수술 상담만 전문의가 하고, 정작 수술은 다른 진료 과목의 의사나 간호사가 하는 무시무시한 일이다. 유명 성형외과에서도 치과나 이비인후과 의사가 대리 수술을 해 사망사고를 일으키고 말았다. 수술을 앞둔 환자들은 불안에 떨었고, 심각한 사회적 문제로 부상했다.

관련 뉴스를 볼 때마다 우리 회사가 할 수 있는 일은 없을까 고민했다. 강남언니 앱에서 정보를 찾고 비교해가며 병원을 선택하는 사람들이 많아지고 있는데, 이들이 유령 수술에 대한 두려움 때문에 병원 선택을 망설이고 있을 것이 분명했다.

아니나 다를까, 이미 앱 커뮤니티에는 "수술 상담하고 왔는데 그 병원 수술실에 CCTV가 있는지 아시는 분?", "저는 CCTV가 있는 성형외과만 가려고요. 혹시 리스트 있으신 분?" 같은 글들이 올라오고 있었다. 단 1년 만에 앱 커뮤니티 안에서 CCTV라는 단어를 언급하는 비중이 13배나 증가했다.

강남언니 역시 유령 수술이 사회적 문제로 커지기 전에는 수술실 CCTV 설치 여부는 부차적인 정보로만 여겼다. 그래서 어떤 병원이 CCTV를 설치하고 있는지 제대로 관심을 기울인 적이 없었다. 일단 전국 성형외과의 수술실 CCTV 설치

현황부터 조사해보기로 했다. CCTV가 없거나 설치 여부를 공개하기를 꺼리는 병원은 어쩔 수 없어도, CCTV 설치 사실을 적극적으로 알리고 싶은 병원도 있을 테니까. 그렇게 해서 수술실에 CCTV를 설치한 병원이 어디인지 앱 화면에서 한눈에 볼 수 있도록 만들기로 마음먹었다.

물론 고객사 병원에 설문지를 보내는 정도로 끝날 일이 아닐 게 분명했다. 병원마다 일일이 연락을 취해 수술실에 CCTV가 있는지 확인해야 했다. 운영팀장과 논의해 전화 조사를 도와줄 직원 세 명을 모았다. 그들이 4일 동안 전화를 걸어야 할 목록에는 400여 개의 성형외과 이름이 빼곡하게 적혀 있었다.

안 그래도 앞서 '데이터의 족적'에서 분석 이전에 유의미한 정보가 될 수 있는 데이터를 찾아내는 일의 중요성을 얘기했는데, 이 CCTV와 관련한 사안이 거기에 딱 들어맞는 사례가 아닐까 싶다. 조사와 분석에 특별한 기술이 필요하지도 않았다. 약간의 시간과 노력을 들이는 걸로 충분했다.

결과는 기대 이상이었다. 단 나흘간의 조사만으로 절반 이상의 병원에서 CCTV를 보유하고 있다는 응답을 받을 수 있었다. 동시에 이 병원들은 앱에 CCTV 보유 사실을 공개하는

데도 동의해주었다. 제품 개발팀에서는 수술실에 CCTV가 있는 병원만 모아 볼 수 있는 앱 기능을 개발했고, 마케팅팀에서는 이를 SNS로 광고하며 많은 공감을 얻었다.

내가 이 일에 팔을 걷고 나선 이유는 기업이 응당 져야 할 사회적 책임이라고 생각했기 때문이다. 지금 벌어지고 있는 심각한 문제를 해결하는 데 도움이 되고, 사회에 긍정적인 영향을 미친다면, 그 보답으로 꾸준히 사랑받는 브랜드가 되는 선순환이 일어날 테니까.

결국 브랜딩 전략과 사회적 가치는 떼려야 뗄 수 없는 관계다. 카메라 앞에서만 연탄 나르는 시늉을 하는 회장님처럼, 착한 회사 코스프레는 금방 들통 나고 만다. 이제 브랜드는 더욱 더 사회적 책임감을 갖고 대중의 기대에 부응해야 한다. 최근 환경, 사회적 책임, 지배구조를 중심으로 회사를 평가하는 ESG(Environment, Social, Governance)가 부각되는 것도 같은 맥락이다.

수많은 브랜드 가운데 고객은 조금이라도 더 사회를 이롭게 하는 브랜드를 선택해줄 것이다. 어떤 곳이 진정으로 착한 기업인지는, 미래에 어느 곳이 살아남아 있는가로 저절로 증명될 것이다.

우선순위에서 항상 밀려나는 일

3

월요일 아침마다 지난 한 주간의 스타트업계 뉴스를 요약한 뉴스레터를 받는다. 어떤 회사는 새로운 서비스를 출시하고, 어디와 어디는 인수합병을 하고, 또 어떤 회사는 기업가치 1조 원의 유니콘이 되는 등 매주 많은 소식이 쏟아진다. 일주일 사이에 어쩜 이렇게도 스펙터클한 일들이 많이 벌어지는지 신기하기도 하다.

스타트업은 창업한 지 얼마 안 된 회사를 뜻하는 게 아니라, 그 자리에 머물지 않고 끊임없이 변화하는 회사다. 특히 신기술 발전이 빨라지면서 스타트업 경쟁도 더욱 치열해지고 있다. 그래서 스타트업 비즈니스의 생명은 속도다. 매 순간이 속도 경쟁이다. 속도전에서 승리해야 하는 스타트업에서 우선순위에 맞춰 업무를 처리하는 건 중요할 수밖에 없다.

속도가 생명이라

한정된 시간 속에서 우선순위를 어떻게 정하느냐에 따라 회사의 전략과 결과도 크게 달라질 수 있기 때문에, 우선순위를 정하는 과정 자체도 많은 시간과 고민이 필요하다. 가령 사내 커뮤니케이션에 갈등이 생겨 직원의 대거 이탈이 발생한다면 해결해야 할 문제 1순위는 조직문화 개선이 될 것이고, 고객이 피해를 입었다면 원인 파악과 피해 보상이 될 것이다. 디자인 회사라면 홈페이지에 움직이는 애니메이션 그래픽을 넣는 일이 가장 중요할 수 있고, 메신저 서비스를 제공하는 회사라면 메신저 앱 버튼을 더 직관적으로 바꾸는 일이 가장 긴급할 수 있다. 또 신규 고객을 많이 모아야 할 시기라면 마케팅 활동이 가장 중요하고 긴급해질 수 있다.

반면 우선순위가 낮은 일들은 회사의 자원과 시간이 덜 투입될 수밖에 없다. 내가 일했던 모든 회사에서 대표에게 자주 들어온 말은, 바로 내가 하는 일이 우선순위가 낮다는 것이었다.

"죠앤이 하는 일은 회사에서 너무나 중요해요. 하지만 회사 전체의 우선순위로는 당장 높지 않아요."

대표는 '당장' 우선순위가 높지 않다고 말했지만 그 뒤에도 '계속' 높지 않은 적이 많았다. 우선순위라는 단어만 들어도 노이로제에 걸릴 정도였다. 하고 싶은 브랜딩 프로젝트가 있어도 서비스 개발자와 디자이너의 리소스를 얻지 못해 어설

폰 포토샵 실력으로 혼자 해결하는 경우가 많았고, 회사 굿즈를 만드는 데 비용 지원이 안 돼 직원끼리 크라우드 펀딩 형식으로 돈을 모아 제작한 적도 있다.

내가 하는 일이 우선순위가 낮다는 말을 계속해서 듣다 보면 힘이 탁 빠진다. 회사에서 중요한 역할로 취급받지 못하고 있고, 안 해도 되는 일을 하는 것 같은 느낌이 들 때도 있다. '잘해야 본전이고, 못하면 욕먹는 거 아냐?' 이는 기업 브랜딩 담당자끼리 모이면 꼭 등장하는 고충이기도 하다.

하지만 희소식이 있다. 반대로 한번 생각해보자. 기업 브랜딩은 우선순위로 올라가지 않는 게 가장 이상적인 상태다. 회사가 일을 잘하고 있다는 증거이니 말이다. 직원들이 회사의 평판을 긴급할 정도로 신경 써야 하는 상황이라면, 십중팔구 위기 상황이다. 채용 '갑질'에 대한 유언비어가 기사를 통해 퍼진다거나, 고객의 피해에 대한 어설픈 공식 입장문이 더 큰 혼란을 불러일으킨다면, 몇 년간 쌓아온 회사 평판이 무너지는 건 한순간이다. 그리고 그 순간 브랜딩 업무는 최우선순위에 올라 있을 것이다.

브랜딩이란 이미 완성된 상품을 창의적으로 알리는 일로만 여겨지곤 하지만, 그것을 가장 잘 알리기 위해 회사 안팎에 잠재된 위험을 미리 파악하고 제거하는 것도 중요한 임무다. 기업 브랜딩은 우선순위가 낮은 순간에도 부지런히 사내 커뮤니케이션을 비롯해 조직문화 관리, 대내외 위기관리, 대표 평판 관리와 같은 수많은 영역에 신경을 써야 한다.

우선순위에서 기꺼이 밀려나기

한번은 다른 팀 리더급 직원을 채용하는 면접관으로 참여했는데, 나를 제외한 면접관 전원이 해당 후보자에게 최종 합격 의견을 냈다. 아쉽게도 나는 그에게서 특정 직무를 비하하는 발언이 반복된다는 점을 발견했고, 그의 소통 방식이 조직문화에 악영향을 미치리라 의심했다.

그 사람으로 인해 조직문화는 물론 회사의 평판까지 망가질 것이 예상됐는데, 더 아쉬운 건 아직 일어나지도 않은 일을 점치며 나 혼자 채용을 반대하는 상황이 참 힘겨웠다는 것이다. 오죽하면 다음 날 건강검진을 받는 와중에도 수면내시경에 들어가기 직전까지 스마트폰을 붙들고 결사반대를 외쳤다. 다행히 지인 평판 조회 단계에서 내 의심이 사실로 증명돼 채용을 취소할 수 있었다.

기업 브랜딩이 우선순위에 오르지 않도록, 최대한 사전에 위험을 제거하는 일이 필요하다. 매출에 즉각적인 영향을 끼치는 사건사고만이 위험 요소가 아니다. 함께 일해보지도 않은 사람을 채용할 때도 혹시 모를 위험을 사전에 방지하는 것이 중요하다.

공정하고 합리적인 업무평가 체계를 갖추는 것 역시 사전에 위험을 방지하는 한 방법이다. 업무평가가 공정하고 합리적이지 못할 때 어떤 일이 나타날까? 직원들은 너도나도 보여주기식 업무에 집착하게 될 것이다. 승진이 절실했던 어느 회사의 홍보 담당자가 기자와 모략을 꾸며 회사의 치부를 흘린 뒤 즉각적인 해명 기사로 멋지게 사건을 해결했다는 유명한 일화도 있다. 제대로 된 업무평가와 보상 체계가 갖춰져야 하는 이유다.

과거의 나처럼 우선순위에서 밀려나 박탈감을 느끼는 사람들, 대표가 내 일의 중요성을 몰라준다며 고민하는 사람들에게 꼭 들려주고 싶은 이야기였다. 사실은 기업 브랜딩 일을 하는 사람뿐 아니라 각자의 자리에서 묵묵히 제 역할을 하고 있는 모든 이에게 바치는 위로이자 존경의 표현이기도 하다.

우리의 일이 우선순위에 자주 오른다면, 그것은 회사에 위험이 커지고 있다는 신호일지 모른다. 또 내 업무가 우선순위에서 밀려난다는 것은 내가 일을 잘하고 있다는 증거일 수 있다.

반대로 한번 생각해보자.
기업 브랜딩은 우선순위로 올라가지 않는 게 가장 이상적인 상태다.

막연한 그 이름, 성과

4

스포카에 다니던 시절, 팀별로 열띤 토론이 벌어지던 워크숍에서 나는 홀로 조용히 자리를 지키고 있었다. 우리 팀은 나혼자뿐이었으니 당연한 일이었다. 몇 시간이 지나 팀별 목표를 발표하는 순간이 오자, 동료들의 기대를 저버리지 않을 선언이 필요했던 나는 대뜸 외쳤다.

"이번 하반기 동안 조중동(조선일보·중앙일보·동아일보)에 우리 회사 기사가 반드시 나오게 하겠습니다!"

당시 우리는 대외 인지도가 낮은 회사였기에 동료들의 반응은 뜨거웠다. 사람들의 마음을 한순간에 휘어잡는 선동가가 된 기분이었다. 큰 이슈가 없는 이상 '조중동'에 기사가 실리기는 정말 어려운 일이지만 이후 내 모든 업무는 조중동에 기사를 싣는 데 집중됐다. 다른 매체 1면에 기사가 실리기도 했지만, 조중동이 아니었기에 아직 내 성과지표를 달성하지 못한 셈이었다.

성과는 목표가 아닌데

다행히 하반기가 지나기 전에 내가 외친 야심 찬 공약을 초과 달성했다. 다른 팀 동료들도 함께 기뻐했다. 그럴수록 왠지 모를 공허함과 부끄러움이 마음속 깊이 파고들었다. 정말로 회사의 대외 이미지가 좋아졌다고 할 수 있나? 과연 이것이 우리가 원했던 성장인가? 왜 나는 그 말을 꺼낸 걸까?

돌이켜보니 우선 발표장에서의 부담이 컸던 게 원인이었다. 다른 팀은 다들 몇 배 성장 같은 숫자로 목표를 이야기하는데, 나도 회사 이미지를 좋게 만들겠다는 목표를 명확히 눈에 보이는 '숫자'로 이야기해야 할 것만 같았다. 그래서 한국 사람이라면 모두가 아는 신문 세 곳에 지면 기사가 실리는 일로 정했다. 그것을 이룬다면 내 하반기 목표를 이룬 것이라 생각했다. 그리고 달성하고 나서 깨달았다. 나는 목표와 성과를 구분할 줄 몰랐던 것이다.

성과를 목표 그 자체로 보는 오류를 저지른 것이다. 회사를 알리는 것이 목표라면, 조중동에 기사가 나는 건 목표 달성을 위한 성과 중 하나에 불과했다. 결코 목표 자체가 될 수 없고, 목표가 되어선 안 됐다. 예를 들어 3개월에 체중 7킬로그램을 감량하겠다는 건 목표가 아니다. '건강하지 않다'는 문제의식에서 출발해 '건강해지겠다'는 목표에 도달하기 위한 수단일 뿐이다. 7킬로그램을 감량했다 하더라도 요요 현상이 오거나 건강에 문제가 발생했다면 목표를 이뤘다고도 볼 수 없다.

목표는 문제를 해결해야 하는 이유(why)에, 성과는 그것에 다다르는 방법론(how)에 가깝다. 이를 깨달은 이후로는 섣불리 성과지표를 정하거나 그것을 달성하는 데 목매지 않았다.

그렇다면 성과측정은 대체 어떻게 할 것인가? 기업 브랜딩 영역에서 갑론을박이 끊이지 않는 사안이다. 외부 강연을 가도 빠지지 않고 들려오는 단골 질문인 걸 보니, 모든 초기 스타트업 대표가 겪는 고민인 듯하다. 어떤 이는 매체별 기사 노출 횟수, 어떤 이는 서비스에 가입하거나 돈을 지불한 고객 수, 어떤 이는 웹사이트와 블로그 트래픽 등을 성과지표로 정하며 가시적으로 측정 가능한 온갖 방법을 동원한다. 그러다 보면 실무자에게 "왜 기사가 났는데 서비스 가입자가 안 늘어요?"라는 말도 안 되는 질문을 하게 될지도 모른다.

서비스 유저부터 투자자, 기자, 공무원 등에 이르는 다양한 고객에게 회사가 얼마나 긍정적 영향력을 끼쳤는지 측정한다? 정말 어렵다. 아쉽게도 이 바닥의 아무리 유능한 전문가도 모든 고객 만족도를 측정하는 공식을 명쾌하게 정의하기는 불가능하다고 본다. 회사마다 속사정이 다른 데다 매일 변화하는 사회, 경제, 미디어 산업, 대중 수요 등이 복잡하게 연결되어 있기 때문이다.

수많은 외부 변수가 존재하는 기업 브랜딩 영역에서, 다가올 앞날을 모른 채 당장의 수치적 성과지표를 설정하고 일희일비하는 건 불필요하다. 어제의 목표와 대응 전략은 외부 변수 하나로 오늘 완전히 뒤집힐 수 있기 때문이다. 억지스럽게 목표를 잡거나 남에게 보여줄 목적으로 지표를 정하는 건, 애꿎은 실무자의 시간과 노력만 낭비하는 일일 뿐이다.

진정한 성과를 얻는 방법

그러면 대체 어떻게 해야 하느냐고? 이것이 바로 진정한 성과가 아닐까 하는 생각이 들 때가 있다. 나도 기억 못하는 과거의 내 행동이나 업무 결과물에 대해 기억하는 사람을 마주할 때가 그렇다. 가령 글쓰기 플랫폼 브런치와 회사 블로그에 올렸던 글을 몇 년이 지나도록 기억하는 독자들이 있다.

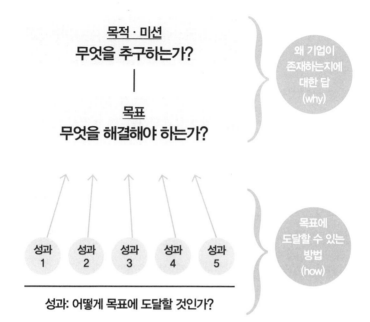

어떤 일에 대한 성과 하나를 이룬 것을 두고 목표를 달성한 것으로 착각하기 쉽다. 성과 달성 여부를 따지기 전에 조직과 자신이 추구하고자 하는 목표가 무엇인지, 조직의 궁극적인 미션이 무엇인지부터 살펴야 한다.

'사내 뉴스레터'를 검색하면 2018년에 쓴 '회사 덕후의 사내 뉴스레터 제작기'가 포털 최상단에 노출된다는 사실도 우연히 들었다. 알고 보니 많은 회사에서 사내 뉴스레터를 제작하는 담당자들이 내 글을 참고하고 있었다. 부끄러운 마음이 들면서도 바로 이런 것이 내가 궁금해하던 '성과'라는 녀석이 아닐까 추측했다.

사내에서 포착되는 몇 가지 신호를 통해서도 우리 회사 인지도가 높아졌다는 사실을 파악할 수 있다. 바로 직원들의 반응인데, 처음에는 기사 하나만 나도 다들 기뻐하며 자랑스러워한다. 그러다가 회사 홍보가 잘 이뤄지고 외부에서 많은 협업 제안을 받다 보면 무덤덤해지기 시작한다. 하루가 멀다 하고 기사가 쏟아지기 때문이다.

대표도 첫 인터뷰 때는 전날 벌벌 떨면서 예상 질문을 뽑아 미리 답변을 작성했는데, 이제는 기자의 질문에 능수능란하게 임기응변을 한다. 심지어 요즘 인터뷰를 너무 많이 하니 좀 쉬자고 한다. 나로서는 기사 하나하나가 모두 새롭고 소중하기 때문에 사내 반응이 서운할 때도 있지만, 이 또한 성과라는 녀석이 아닐까 싶은 것이다.

평판 역시 측정하기 힘들지만 매우 중요한 성과다. 세간의 '카더라' 평판은 회사의 비즈니스를 한순간에 망칠 수 있을 정도로 영향력이 엄청나다. 우리는 매일같이 느끼고 있다. "거기는 항상 새로운 시도를 하는 조직이야", "거기? 대표의 철학이 정말 괜찮은 회사지" 같은 평가처럼 말이다. 브랜드가 좋은 이미지로 자리 잡는다는 건, 모두가 궁극적으로 바라는 꿈이다.

오랫동안 평판이 좋은 회사는 놀라운 경험을 하게 된다. 부탁하지도 않았는데 남들이 알아서 좋은 평판을 널리 퍼뜨려 준다. 이보다 좋은 홍보가 또 어디 있겠는가?

결국 기업 브랜딩의 목표는 긍정적인 이미지로 자리 잡아 최대한 롱런하게 만드는 것. 그렇다면 질문도 바뀌어야 할 것이다. '지금 무엇을 할까?'가 아니라 '어떤 미래를 데려와야 할까?'로 말이다.

강남언니 개인정보 유출 사건의 전말

5

퇴근을 앞둔 평온한 시간. 스마트폰으로 우리 회사가 언급된 기사 링크를 클릭했다. 순간 내 눈을 의심했다. 기사 제목에 적힌 회사 이름이 그렇게 낯설어 보일 수 없었다. 내가 입사하기 전 발생한 실수에 관한 내용이었는데, 자세한 내막을 몰랐던 나는 밤새 홀로 회사에 남아 전후 사정과 사실관계를 확인했다. 내일 아침이면 물밀듯 닥칠 외부 문의에 대응하기 위해서.

'개인정보 유출'이라는 기사 제목만 보고 고객 피해가 발생했다고 생각할 사람들을 위해 조심스럽게 입장문을 작성했다. 서비스 약관에 포함되어 있어야 할 내용이 빠져 있는 것이 문제였는데, 실제 피해가 발생한 개인정보 유출은 아니었다. 하지만 약관 관리에 허술했던 우리의 잘못은 명백했다. 며칠간 잠을 설쳐가면서 예상 질문과 사실에 근거한 응답을 준비해 기자와 업계 관계자 문의에 하나씩 대응했고, 홈페이지 팝업에도 공식 입장문을 띄웠다. 다행히 사태는 일단락되는 듯했다.

위기를 모르는 위기

그러다 잠시 고개를 들어 주변을 돌아봤다. 여느 때와 같이 사무실은 웃음기로 가득했다. 이건 강력한 위험 신호였다. 회사의 생사와 직결될 수도 있었던 위기 상황을 대부분이 인지하지 못하고 있었다. 위기 상황임을 알고 있었던 소수의 동료조차 그 심각성을 외면하는 현실이 더 문제였다. 두려움에 갇혀 어쩔 줄 몰랐던 거다.

이번 사건이 무사히 지나간다고 해도, 다음에 더 큰 위기가 왔을 때 동료들의 모습은 별반 다르지 않을 것이다. 끔찍한 상상이었다. 위기에 대응하는 과정도 힘들었지만, 위기를 외면하는 사람들을 보는 일이 더 힘들었다. 두 번 다시 겪고 싶지 않았다.

그날 밤 12시, 또다시 홀로 남은 사무실에서 메신저에 장문의 글을 남겼다. 당시 내가 느낀 충격을 솔직하게 담아 "우리 이대로는 안 된다"고 선언했다. 이번 일로 어쩌면 우리가 마주했을지 모를 최악의 상황을 모두가 조금이라도 상상해보길 바랐다. 이어 다음 날 진행한 긴급회의에서 동료들의 의견을 모아 모든 직원 앞에서 발표를 했다.

싫은 소리는 문제를 먼저 발견한 사람의 몫이지만, 제대로 외치는 방법에 대한 고민도 필요하다. 위기 앞에서 과도한 불안에 떨지 않되, 너무 과하지도 부족하지도 않은 긴장감을 주며 위기를 정확히 직시할 수 있도록 만드는 방법을 찾아야 했다. 회피 본능에 경종을 울리기 위해 정확한 타이밍과 전략적인 싫은 소리가 필요했다.

회사의 실수나 잘못이 드러나 갈수록 큰 비난 여론이 만들어질 때 무엇부터 해야 할까? 전부 우리 잘못은 아니라며 어떻게든 변명할 궁리를 해야 할까? 억울하다며 호소를 해야 할까? 조직이 위험을 회피하거나 인지조차 못할 때, 어떻게 사내에 위험 신호를 알리면 좋을까?

더 많은 관심을 받는 회사일수록 위기 상황에서 외부의 공격은 늘어나면 늘어났지 줄어들지 않는다. 결국 선택지는 두 가지. 회피의 유혹에 빠지거나, 위험에 맞서거나.

나 자신이 회피하고 싶은 유혹을 떨쳐내고 사내에 위험 신호를 알리려면 냉혈한이 되어야 한다. 평소에는 '우리 회사'라는 콩깍지를 쓰고 회사 덕질을 하는 낭만주의자로 살아가다가도, 누구보다도 냉정하게 이곳을 '남의 회사'처럼 인지하고 현실주의자가 되어야 하는 순간이다. 현실주의자가 되어 회사가 회피의 늪에 빠지진 않았는지, 빠졌다면 얼마나 깊은 늪인지, 과연 빠져나올 수 있는지 수시로 감지 레이더를 작동해야 한다. 그러고선 평화로운 회사 안에서 밥 먹듯 싫은 소리를 하고, 때로는 비난의 화살을 감수하며 밥상 뒤엎는 잔소리꾼이 되어야 하는 것이다.

이렇게 사무실 분위기를 한 번 뒤집어놓으면 움츠러들기도 한다. 사소한 문제에 혼자 호들갑을 떤 게 아닌가 싶기 때문이다. 잔뜩 겁을 줬는데 아무 일도 일어나지 않으면 더 뻘쭘해진다. 그렇다면 우선은 운이 좋은 것이며, 꽤 괜찮게 위기에 대응했다는 의미다. 일을 잘한 것이다. 그깟 뻘쭘함이 대수랴.

그래서 오늘도 싫은 소리는 계속돼야 한다. 회사의 미래를 지키기 위해 쓴소리를 마다 않는 군기반장이 되어보는 것도 영광이다.

위기 사이렌을 울리는 방법

기껏 1에서 100으로 힘겹게 브랜드 이미지를 끌어올려놨는데 -100으로 고꾸라지는 건 눈 깜짝할 새 일어난다. 아무리

앞날을 모른다는 게 스타트업의 매력이라지만, 브랜딩 담당자는 위험 변수를 최대한 예측하고 섬세하게 대비하는 자세가 필요하다. 회사 평판을 좌지우지하는 위험 요소를 최전방에서 발견하고 해결하는 일도 기업 브랜딩의 중요한 업무다.

인터넷을 검색하면 기업 위기 대응의 베스트 사례를 쉽게 접할 수 있다. 하지만 막상 따라 해보면 보통의 내공이 아님을 깨닫게 된다. 만천하에 드러난 치부를 솔직히 인정하는 일, 혼비백산의 와중에 빠른 판단력으로 대안을 제시하는 일, 특히 여러 이해관계자가 얽힌 상황에서 위기를 대처하는 일은 훨씬 난도가 높다. 그저 언론 플레이를 위해 하는 반성은 쉽게 티가 나고, 속도는 빨랐지만 현명하지 못한 해결책은 이미지에 돌이킬 수 없는 상처를 남긴다.

일단, 위기가 닥치면 사내에 사이렌을 울려야 한다. 그 방법을 소개하면 다음과 같다.

위기 레벨이 높을 때만 울린다

회사에 안 좋은 일이 생겼다고 해서 경중을 따지지 않고 무조건 알리면 혼란만 가중할 뿐이다. 먼저 1단계, 3단계, 5단계처럼 위기의 심각성에 따라 레벨을 구분한다. 1에서 5단계까지 구분했다고 했을 때, 1단계와 2단계는 소수의 인원이나 직접적인 관계자까지만 사안을 공유해 위험의 불씨를 빠르게 잠재운다. 3단계를 넘어가면 사내 전체에 즉시 알린다. 고객의 개인정보 유출이나 직원의 코로나19 감염처럼 회사 운영에 차질을 빚는 심각한 위험이라면 가장 높은 레벨의 사이렌을 '즉시' '투명하게' 알린다.

일말의 과장과 거짓도 섞지 않는다

반드시 사실에 입각해야 한다. 괜한 억측을 덧붙여 특정인을 희생양으로 만들거나 상황의 본질을 희석하지 말아야 한다. 심각한 위기를 일시적으로 무마하려는 변명이나 거짓말 또한 회사 이미지를 악화시킨다.

대응 계획을 함께 제시한다

심각성의 정도를 알리는 것으로 끝내지 말고, 회사의 대책과 입장을 설명한다. 사이렌만 울리고 대응책이 안 보이면 '우리 회사 망하는 거야?'처럼 더 큰 불안만 초래할 수 있다. 이후 진행되는 상황 역시 실시간으로 공유한다.

비상대책위원회를 소집한다

비대위란 우선 사태를 수습할 필수적인 사람들을 칭한다. 사안에 따라 소집되는 인원은 다를 수 있지만, 회사의 위기를 숙지해야 하는 경영진을 비롯해 인사 · 보안 · 홍보 · 법무 담당자는 필수로 참여하는 게 좋다. 온라인이나 오프라인 어디에 있든지 간에 각자가 어떤 영역에서 도움이 필요한지 가이드도 함께 마련돼야 한다. 이들은 다른 일을 하다가도 사이렌이 울리면 최우선순위로 위기 대응을 하게끔 평소에 약속돼 있어야 한다.

모두 위험 곁에 산다

6

한바탕 소동이 진정된 무렵 나는 사내 위기 대응 조직을 꾸렸다. 낮은 레벨의 위기까지도 수시로 감지하고, 큰 위기가 발생했을 때 긴급하게 모여 대응책을 주도하는 임시 비대위였다. 나를 포함해 인사 · 보안 · 법무 · 사업 개발 부문의 각 책임자 그리고 경영진 한 명이 참여했다.

우리는 서로가 가지고 있는 다른 위기의식을 제법 동일한 수준으로 맞출 때까지 매주 정기 회의를 가졌다. 팀원들은 평소 각자의 업무에 집중하다가도 사이렌이 울리면 민첩하게 뭉쳤다. 장소는 사무실, 카카오톡, 화상회의 어디든 상관없었다. 우리는 사건이 해결되면 조용히 본업으로 돌아갔다. 이러한 팀의 존재는 많은 동료에게 '우리 회사가 언제든지 위험에 노출될 수 있다'는 위기의식을 상기시키는 데 중요한 역할을 했다.

사소한 위기가 더 해결하기 어렵다

위기 대응 조직을 운영하며 깨달은 게 있다. 사소해 보이는 위기를 다룰 때가 해결책을 찾기 더 어렵다는 것이다. 낮은 레벨의 위기일수록 동료에게 "지금 위험해!" 하고 설득하는 일은 갑절로 어렵다. 위기를 위기로 보지 못할 가능성이 높기 때문이다. 게다가 낮은 수준의 위기니 해결도 쉬울 거라고 생각한다. 그래서 누구든지 쉽게 다양한 해결책을 제시한다. 그러다 보면 모든 직원이 만족할 만한 답을 찾기가 오히려 어려워진다.

예를 들어 한 달에 한 번꼴로 비슷한 고객 컴플레인이 접수된다고 하자. 이를 인지한 CS 담당자가 제품 개발 부서에 컴플레인 내역을 전달하면서, 이 컴플레인이 심각한 문제로 발생할 수 있으니 빨리 해결해야 한다고 말한다. 그러나 제품 개발 담당자는 한 달에 한 번 들어오는 의견이면 아직 시급하지 않은 것 같고, 이미 정해놓은 일을 처리하느라 후순위에 넣어두겠다고만 한다. 이 컴플레인이 하루아침에 대형 폭풍우가 되어 회사에 몰아칠지도 모르는데 말이다. 이처럼 사소한 사안일수록 해결이 힘들다.

위기에 제대로 맞서려면

희소식이 있다. 비즈니스에서의 위기는 필연이라는 거다. 나에게만 닥치는 시련이 아니다. 누구나 크고 작은 위기를 겪게 되고, 인지도가 높고 인기가 많은 브랜드일수록 위기가 찾아오는 주기도 빨라진다. 이럴 때 길러야 할 역량은 어떤 위기도 단번에 극복해내는 슈퍼맨 같은 능력일까? 아니다. 위기는 필연임을 인정하는 태도다.

더 큰 희소식이 있다. 위기는 성장을 가속화하는 불꽃 역할을 하기도 한다는 거다. 경쟁이 치열한 비즈니스 세계에서 조직의 평화는 결코 긍정적인 신호가 아니다. 질타의 시선이나 경쟁 세력이 등장할까 봐 두려워서 사업 확장을 못하고 있다면, 구더기 무서워서 장 못 담그는 격이다(물론 속도를 조절하는 것이 전략이라면 얘기가 다를 수 있다. 분점을 내지 않는 정책을 고수하는 유명 맛집처럼 말이다). 성장하는 과정에서 위험은 필연이다.

회사의 대표가 공식석상에서, 아니 지나가면서 던지는 말, 영업사원이 고객에게 하는 응대, 회사에서 일어나는 모든 크고 작은 활동에 위험이 잠재하고 있다. 살아 있는 모든 브랜드는 위험 곁에 있다. 그리고 위기에 대응하는 방식은 회사가 지속적으로 생존하고 성장할 수 있는지를 보여주는 거울이다.

위기에 맞서기 위해 평소 기억해야 할 태도는 다음과 같다.

위기는 우연이 아니라 필연임을 인정한다

신문에 대서특필되지 않아도 회사의 크고 작은 위기는 하루에도 몇 번씩 일어난다. 어차피 일어날 일을 무조건 '나쁜 것', '보기 싫은 것'으로 생각하면 무엇 하나 해결되지 않는다. 회피 본능을 이겨내고 위기를 똑똑히 응시하는 힘을 길러야 한다. 바로 마주하고, 해결할 수 있다면 위기는 더 이상 문제가 아니다.

위기는 비즈니스 성장을 가속화한다는 것을 인지한다

비즈니스는 속도전이다. 위기를 어떻게 해결하느냐에 따라 운이 좋으면 퀀텀 점프(quantum jump, 기업이 사업구조나 사업방식 등의 혁신을 통해 단기간에 비약적으로 실적이 호전되는 것)의 성장을 하기도 한다. 이번 위기를 바로 벗어나지 못했어도 지난 위기와 실패를 반면교사 삼아 면역력을 기르고, 또 다른 퀀텀 점프를 만들어낼 수 있다.

브랜드 생존에 직결되는 결정적 위기에 집중하고 투자한다

위기 대응의 궁극적인 목표는 회사의 지속가능성, 단 하나다. 지속가능성에 악영향을 끼치는 것이 무엇인지 찾아내서 집중 대응한다. 결정적 위기 한 가지가 해결되면 나머지 작은 위기들은 저절로 사라질 수 있다.

뼈 때리는 말

직장인이라면 한 번씩 업무 슬럼프를 겪게 마련이다. 나 역시 평소에는 의욕 넘칠 일도 몸과 마음이 힘들 때는 시작하기도 전에 "이건 위험해", "그건 안 돼"부터 외치는 일이 허다했다. 하지만 겉으로는 밝은 얼굴에 자신감 넘치는 듯 행동하곤 했다. 속으로는 나 자신을 아무 성과도 내지 못하는 사람으로 여기면서 말이다.

마치 액셀을 강하게 밟으며 자동차 경주를 즐기다가도, 금세 겁먹고 브레이크로 발을 옮겨 주춤하는 모양새였다. 한참을 달려왔는데 방향을 잃었다는 불안과 아직 일어나지도 않은 일에 대한 걱정은 쉽게 잠들지 못하는 밤들로 이어졌다. 그렇게 시작된 불면증은 수면제도 효과가 없어 퀭한 얼굴로 출근하기 일쑤였다.

성과를 내지 못한다는 자책과 부담은 업무 시간을 늘리자는 생각으로 이어졌고, 그렇게 어두운 표정으로 야근을 반복했다. 며칠 뒤 나름 참신하다고 생각한 아이디어를 겨우 기획으로 발전시켜 대표에게 제안을 했다. 간만에 뭔가 해냈다는 기쁨과 설렘이 찾아왔다. 그런데 대표는 이렇게 말했다.

"왜 이걸 하는 거죠?"

이렇게 힘든 내 마음도 몰라주고! 생각지 못한 부정적인 반응에 괜히 대표가 원망스러웠다. 나도 모르게 계속 반박했다. 논리적인 반박이라기보다는 '그냥 이걸 하면 반응이 좋을 것 같다'는 식의 변명과 억지에 가까웠다. 한동안 실랑이를 벌인 뒤에 대표는 한없이 약해져 있는 내 모습을 눈치 챈 것 같았다.

갑자기 그는 자리에서 일어나더니, 기획안 내용과는 상관없는 그림들을 칠판에 그려나갔다. 그러면서 나도 평소에 잘 이해하고 있는 회사의 장기적인 계획에 대해 신나게 읊어대기 시작했다. 몇 분 동안 멍하니 듣고 있자니 불현듯 부끄러움이 밀려왔다. 우리가 그렇게 어렵게 지키고 있는 이 수많은 원칙과 전략을 무시하고 쉬운 길로 타협하려 했던 것이다.

머리를 세게 얻어맞은 듯했지만, 오히려 후련했다. 그 자리에서 기획안은 곧장 휴지통으로 들어갔다. 그러고는 칠판에 그려진 그림들을 노트에 따라 그렸다. 그렇게 회사가 그리는 미래, 내년, 다음 분기, 이번 달, 내일 그리고 오늘까지 당장 해야 할 일을 차근차근 정리해보았다.

다음 날 다시 대표를 찾아가 내가 느꼈던 부끄러움을 고백했다. 생각해보니 한동안 회사에 불평이나 잔소리만 늘어놓고, 정작 아무 일도 챙기지 못하고 있는 것 같다고 털어놓았다. 그러자 또 머리를 한대 치는 대답이 돌아왔다.

"잔소리? 더 해주세요. 비난이 아니라 옳은 말이잖아요. 무엇보다 사심이 아니라 우리 모두를 위해 하는 말이라는 걸 알죠. 죠앤의 잔소리도 모두 회사 브랜딩에 대한 고민에서 나왔다고 생각해요. 꼭 당장의 성과가 나와야 할 필요도 없어요."

나의 불만과 잔소리를 밉게 보지 않고 함께 해결하기 위해 고민해주는 회사에서 일한다는 건, 정말이지 행운이라는 생각이 들었다. 이후 조금씩 슬럼프에서 빠져나오게 되면서 쉬운 선택만 하려던 마음도 줄어들게 됐다.

오래전 혼자 떠났던 첫 유럽 여행이 생각난다. 한 달짜리 여행에서 사흘 만에 캐리어를 통째로 분실해버렸던. 베를린테겔공항의 분실물센터 앞에서 국제 미아라도 된 듯한 표정으로 몇 시간을 서 있었는지 모른다. 그때 독일인 직원이 내게 말했다.

"캐리어보다 오늘 당신의 시간이 아까워요."

아무리 유럽 공항에서 캐리어 분실이 흔한 일이라지만, 너무나 태연한 직원의 표정이 야속하기도 했다. 그런데 자존심이 발동했던 걸까? 아니면 상상치도 못했던 해방감이 찾아왔던 걸까? 그 자리에서 곧장 나는 공항을 떠나 에코백 하나만 멘 자유로운 여행을 즐겼더랬다.
방향을 잃어 헤매고 있는 기분이 들 때마다 이제는 스스로에게 말해본다.

"이걸 왜 하는 거죠?"
"당신의 시간이 아까워요."

'무슨 일이라도' 해보는 것이 아니라 한정된 시간과 자원 속에서 '옳은 일'을 찾는 것이 중요하다는 걸 깨닫게 해준, 뼈 때리는 말이다.

Q & A

죠앤의 고민상담소

실제로 내가 진행한 브랜딩 강연과 멘토링에서 홍보 · 브랜딩 실무자와 스타트업 대표로부터 들었던 질문과 고민을 재구성해 소개한다. 시작하는 스타트업이라면, 한 번쯤 겪게 되는 공통된 고민들이 아닐까?

From 실무자

Q 홍보와 브랜딩 실무를 잘 모르는 대표가 무리한 성과를 요구합니다. 지난주에 발행한 블로그 글이 고객을 모으는 데 기여하지 않았다며 단기적인 성과에만 집착해요. 성과를 못 내는 직원으로 낙인찍힌 것 같아 회사 생활이 너무 괴롭습니다. 인정받고 싶어요. 인정!

A 같은 고민으로 괴로워하는 분들을 많이 만났어요. 가장 이상적인 솔루션은 입사 전부터 대표가 성과측정을 어떻게 바라보는지, 대화로 합리적인 설득이 되는 사람인지 미리 확인하는 것인데요. 물론 구직자 입장에서 제약이 많은 상황인 줄 압니다.
현실적인 방법은, 인정받고자 하는 욕망을 내려놓는 거예요. 우리가 대표에게 인정받으려고만 회사 다니는 게 아니잖아요. 적어도 회사의 이미지를 책임지는 실무자들은 대표를 고용주로만 보면 안 돼요. 당장 허무맹랑한 성과를 강요받는 괴로움이 크겠지만, '이 사람은 이런 유형의 대표구나' 하고 아량을 가져볼 필요도 있어요. 의외로 괜찮은 방법이라니까요?
평소에 스스로 올린 성과를 동료들에게 수시로 공유하는 것도 효과적이에요. "오늘 보도자료는 기사 20건 났어요" 하고 알리는 것도 좋지만, "요즘 밖에서 우리 회사를 보는 시각은 이렇습니다"라며 상황을 공유하고 의견을 구하면 모두가 관심을 기울일 거예요.

Q 저는 콘텐츠 마케터예요. 회사에 홍보팀이 없어서 제게 겸직을 요구하네요. 얼마 전에 계약한 PR 에이전시와의 소통과 협업을 담당하는 역할도 너무나 당연하게 주어졌습니다. 저는 홍보 업무 경험이 전무한데도, 단지 제 본업과 가장 유사해 보인다는 이유에서요.

A 좋게 말하면 당신의 능력을 높이 산 것이고, 더 솔직하게 말하자면 이 업무에 대한 이해가 낮아서 그렇습니다. 홍보와 마케팅 모두 대외 콘텐츠와 브랜드 이미지를 다루는 일이다 보니, 한 사람이 둘 다 담당해도 뭐가 문제냐는 거죠.

고백하자면 저는 개발자의 전문 영역이 그렇게나 다양한 줄 몰랐는데요. iOS, 안드로이드, 서버, 웹······. 개발자 친구 덕분에 그제야 일차원적인 생각에서 탈피했습니다. 결국 누군가 알려줘야 합니다. 이 일이 왜 중요한지, 어떤 고유성이 있는지, 요즘 어떤 점이 힘든지 얘기할 필요가 있어 보여요. 겪고 있는 괴로움을 입 밖으로 꺼내야 알아줍니다.

개발 업무에 비유하자면, 웹 개발과 서버 개발의 차이가 무엇인지, 왜 같은 업무로 바라보지 말아야 하는지를 상대에게 이해시킬 필요가 있습니다. 겸직으로 회사가 과연 브랜딩 성과를 유지할 수 있을지, 본업에 집중하지 못함으로써 생기는 부작용은 어떠한지도 상황 설명에 중요한 근거가 될 거예요.

대표와 동료들이 제가 하는 일의 중요성을 너무 몰라줍니다. 대외 이미지는 회사의 신뢰 구축에 도움이 될 뿐 매출에 직접 연결되지 않는다고 생각하는 것 같아요. 비즈니스 전략 논의 과정에도 참여하기가 어렵고요. 항상 우선순위에서 밀려나 있는 기분이 듭니다. 최근 회사 재정 상황이 안 좋아졌는데, 구조조정 대상 1순위가 될까 봐 불안합니다. 그냥 그만둘까 봐요.

'내가 퇴사하겠다고 협박하면 나의 소중함을 알겠지? 당해봐라!' 모드는 최악의 방법이고요. 이 충격 요법은 설령 효과가 있다고 해도 서로 행복한 윈윈 전략이 될 수 없습니다. 대외적으로 신뢰를 구축하는 일이 조직과 비즈니스 성장에 얼마나 직접적인 도움이 되는지 보여주는 기회로 바꿔보세요. 당신이 하는 일이 중요하다는 것을 티내고 계속 존재감을 발휘하는 거죠.

신입 직원에게 기사와 블로그가 입사 준비 과정에서 얼마나 도움이 됐는지 인터뷰해보고, 우리 회사에 무관심했던 기자의 인식을 어떻게 긍정적으로 바꿨는지 쭉 정리해볼 수 있을 거예요. 스스로도 몰랐던 영향력이 롱런하고 있을지도 모릅니다.

Q 조직문화를 홍보할 때, 실제 회사의 모습과 미디어에 포장된 모습 사이의 괴리가 커서 '현타'가 옵니다. 제가 거짓말쟁이가 된 느낌이에요. 긍정적으로 알려야 하는 것들에 반감이 들 때는 어떻게 극복해야 할까요?

A 일단 잠시라도 대외 업무는 멈추는 게 좋을 것 같네요. 허구한 날 동료들끼리 얼굴을 붉히는데 '최고의 동료가 있는 회사'라고 외쳐야 한다면 현타가 안 오는 게 오히려 이상하지요. 그런 감정을 느끼는 이유, 실제와 이미지 사이의 괴리 수준을 파악하는 일이 우선입니다.

저는 슬럼프에 빠지거나 도무지 납득하기 어려운 업무가 생기면, 상당 시간을 대표와 대화를 나눕니다. 때로는 대표 대 직원 타이틀을 떼고 대화하겠다는 각오로요. 괴리를 파악했다면, 거짓을 감추는 기술을 키우기보다 회사 내부에 닥친 조직문화 문제를 해결하는 데 더 공을 들여야지요. 다만 자신의 이상향이 회사가 추구하는 문화와 맞지 않는 것이라면, 완전히 다른 문제입니다.

Q 회사 이미지를 구축하고 신뢰를 쌓는 일을 하고 있는데, 정작 효과는 채용에서만 나타나네요. 회사에 대한 기사와 각종 콘텐츠는 입사 지원자들에게만 유용한 면접 준비용 자료였던 겁니다. 제가 의도했던 외부의 인식 변화는 하나도 이뤄지지 않은 것 같아요. 저는 채용 마케터가 아닌걸요!

A 이미 정답을 말해주셨네요. 우리가 하는 일에서 가장 가시적으로 효과를 측정할 수 있는 영역이 채용입니다. 회사에 면접을 보러 온 분들이 "어떤 기사를 읽고 입사하고 싶어졌어요", "블로그를 통해 회사 철학을 이해하게 됐어요"라는 말을 한다면, 당신은 당신이 받는 월급 이상의 성과를 낸 셈입니다. 잘하고 있다는 겁니다.

아마 A~Z의 다양한 목표 중에서 채용이라는 R에서만 뚜렷하게 성과가 보인다는 점이 고민인 것 같은데요. 바깥에서 회사 평판이 백 번 오고간다면, 제 귀에는 한 번 들릴까 말까예요. 막연하게나마 그 한 번을 듣게 되었을 때는 오늘은 월급 값 이상은 했구나, 하고 생각합니다. 머지않은 시기에 당신 귀에도 좋은 소문이 들려올 거예요. 지금 잘하고 계시니, 계속 페이스를 유지해가면서 기다려보면 어떨까요?

From CEO

Q 홍보 담당자는 회사 규모가 어느 정도가 됐을 때 채용해야 할
까요? PR 에이전시나 기자 출신을 뽑으면 되나요?

A 출신이 어떻든, 회사에서 그를 맞이할 준비가 됐을 때가 적
정 시기입니다. 실무자를 뽑으면 본인이 맡고 있는 성가신 외
부 커뮤니케이션 업무를 다 맡기고 싶다는 대표들을 많이 봤
어요. 회사의 철학을 세상에 알리는 리더십은 어디까지나 대
표가 가져가야 합니다. 가장 많은 해답을 품은 사람이니까요.
대표의 머릿속에 그리는 브랜드 이상향이 뚜렷하고 구체적일
수록, 언제 어떤 사람을 채용할지 저절로 보일 겁니다.
조직의 성과와 문화를 알리는 데 능한 사람이 필요한지, 위기
에 잘 대응하는 사람이 필요한지, 글로벌 커뮤니케이션을 잘
하는 사람이 필요한지에 따라 채용 공고 내용이 달라지겠지
요. 직무와 인재상을 다시 한번 살펴보고, 더불어 조직 전체
에 대한 고민을 하는 시간을 가져보면 어떨까요?

Q 매일 기자 미팅을 하는 담당자의 법인카드 사용 내역만 날아오고, 기사는 그만큼 안 나오네요. 잘못 채용한 게 아닌가 걱정됩니다. 심지어 제가 기사 제목이나 내용을 수정하라고 지시를 해도 도통 바뀌는 게 없습니다. 저는 매출 증대와 투자 유치에 집중하기 바쁜데, 제 시간이 너무 많이 투입되기만 하고 기대했던 효과는 나오지 않고 있습니다. 손을 덜려고 채용을 했더니, 이게 무슨 일이죠?

A 실무자가 가장 힘들어하는 대표 유형 1위로 당첨되셨습니다! 물론 실무자가 대표를 더 적극적으로 이해시킬 필요가 있지요. 대표는 그들의 일을 이해하려는 노력을 해야 하고요. 회사 재정 상황이 걱정될 경우 담당자와 논의해 적정 예산을 정하면 될 일이고, 담당자의 도덕성이 의심되는 게 아니라면 최소한 몇 달은 믿고 기다려주세요. 이미지 제고와 소통의 일에서는 모든 걸 하루아침에 바꿀 수 없습니다.

기사 제목은 미디어의 편집 권한이지, 기업의 재량으로 쉽게 바꿀 수 있는 영역이 아닙니다. 대표의 입으로 말한 이야기인데도 외부에 나가면 안 된다면서 삭제해달라거나 하는 모습을 정말 많은 분에게서 목격했답니다. 성과가 안 나온다고 담당자를 탓하기에 앞서, 미디어와 기업의 관계, 기업 홍보의 목표에 대해서 먼저 이해하는 것부터 필요해 보입니다.

Q 훌륭한 문화와 복지를 자랑하는 회사가 많은 반면, 우리 회사는 내세울 게 없어서 직원들이 종종 불만을 제기합니다. 하지만 저는 직원들이 당장의 매출 향상에 사활을 걸었으면 좋겠어요. 사실 조직문화에는 관심이 적어요. 이러한 제 기대치와 직원들의 기대치를 맞추기 어려운데, 제가 조직문화를 다시 정비하고 투자를 늘려야 할까요?

A 간식 지원, 야근 식대 제공 같은 혜택 자체가 좋은 조직문화를 의미하는 것은 아닙니다. 회사가 조직문화에 많은 자본을 투자하는 이유는, 다른 회사보다 더 예쁜 사무실 인테리어를 하기 위해서가 아니겠지요.

조직문화는 회사의 목표에 사활을 걸 수 있도록 '프로페셔널'한 업무 환경을 조성해주는 장치입니다. 그런 면에서 이미 조직문화에 관심이 있으신 것 같아요. 다만, 대표와 직원 모두 조직문화를 바라보는 인식을 바꿀 필요가 있습니다.

애초에 다른 목표를 가진 타사와 조직문화를 비교하지 않는 게 정신 건강에도 좋을 거예요. 직원들이 공감하지 않는 복지를 늘리기보다, 회사에 적합한 조직문화가 무엇인지부터 직원들과 함께 머리를 맞대 소통하고 하나씩 실천해보면 어떨까요?

Q 기업철학은 어떤 방식으로 어떤 직원과 논의해야 할까요? 워
라밸에만 관심 있는 직원들이 참여하려나 모르겠네요.

A 어느 날 갑자기 "매주 월요일 11시에 기업 브랜딩 회의를 합
니다. 관심 있는 분들은 모두 참석하세요!"라고 한다면, 과연
얼마나 모일까요? 평소 직원의 말을 귀담아듣거나 회사의 방
향성을 공유한 적도 없는데, 우리도 브랜딩 한번 해보려고 하
니 회의체부터 갖추자는 발상은 누구에게도 환영받지 못할
겁니다.
어떠한 직원이 됐든 그들에게 회사의 철학과 방향성을 수시
로 공유하는 일부터 시작해보세요. 직원과 마주치는 정수기
앞에서, 휴식을 취하는 소파에서, 퇴근하는 엘리베이터에서
대표의 솔직한 고민과 철학을 먼저 이야기해보세요. 아마 그
들도 바라고 있을걸요?

Q 회사의 성과와 활동을 외부에 알릴 때 어느 정도 주기로, 어떤 기준을 두고 진행해야 할까요? 너무 자주 하면 '관심종자' CEO나 외부 이미지에만 관심 있는 사람처럼 보일 것 같고요. 홍보팀에서는 제가 밖에서 회사의 비밀을 말하고 다닐까 봐 안절부절못하는 모양입니다. 반대로 묵묵히 일만 하면 주변에서 회사 홍보 좀 하라고 핀잔을 줍니다.

A 대표의 말과 행동 하나하나에는 영향력이 있습니다. 공식석상에서 전한 회사 이야기가 와전되어, 수많은 악성 댓글로 마음 고생하는 대표들도 종종 봤어요. 사업과 조직 규모가 커질수록 '바깥 행동'에 대한 전략은 더 치밀해져야 합니다. '회사를 자랑하고 싶다' 또는 '귀찮아서 외부 활동을 안 하고 싶다' 같은 지극히 감정적인 동기로 행동해선 안 되겠지요.

얼마나 알려야 할지는 그 메시지의 파급력에 책임질 수 있는지, 조직의 성장에 어떤 영향을 미치는지를 기준으로 삼아보세요. 책임질 수 있는 기준과 전략만 있다면, 외부 활동에 적극적이든 소극적이든 문제가 아닐 거예요. 아무렴요!

처음부터 잘난 브랜드는 없다
그 회사의 브랜딩

제1판 1쇄 인쇄 | 2022년 1월 10일
제1판 1쇄 발행 | 2022년 1월 24일

지은이 | 황조은
펴낸이 | 유근석
펴낸곳 | 한국경제신문 한경BP
책임편집 | 김종오
교정교열 | 김기남
저작권 | 백상아
홍보 | 서은실 · 이여진 · 박도현
마케팅 | 배한일 · 김규형
디자인 | 지소영
본문디자인 | 디자인 현

주소 | 서울특별시 중구 청파로 463
기획출판팀 | 02-3604-590, 584
영업마케팅팀 | 02-3604-595, 583   FAX | 02-3604-599
H | http://bp.hankyung.com   E | bp@hankyung.com
F | www.facebook.com/hankyungbp
등록 | 제 2-315(1967. 5. 15)

ISBN 978-89-475-4785-7   03320